华夏智库·新经济丛书

中层管理心智模式

——管理者角色与心智进化

ZHONGCENG GUANLI
XINZHIMOSHI

戴良桥 著

经济管理出版社
ECONOMY & MANAGEMENT PUBLISHING HOUSE

图书在版编目（CIP）数据

中层管理心智模式——管理者角色与心智进化/戴良桥著 .—北京：经济管理出版社，2018.3

ISBN 978-7-5096-5648-8

Ⅰ.①中… Ⅱ.①戴… Ⅲ.①企业管理—研究 Ⅳ.①F272

中国版本图书馆 CIP 数据核字（2018）第 015836 号

组稿编辑：张　艳
责任编辑：张　艳　张莉琼
责任印制：黄章平
责任校对：王淑卿

出版发行：经济管理出版社
　　　　　（北京市海淀区北蜂窝 8 号中雅大厦 A 座 11 层　100038）
网　　　址：www. E-mp. com. cn
电　　话：(010) 51915602
印　　刷：三河市延风印装有限公司
经　　销：新华书店
开　　本：720mm×1000mm/16
印　　张：13. 5
字　　数：172 千字
版　　次：2018 年 4 月第 1 版　2018 年 4 月第 1 次印刷
书　　号：ISBN 978-7-5096-5648-8
定　　价：39. 80 元

序

"老师，能不能给我推荐一些学习管理的书单？"下完课，经常听到这样的询问。

每次我总是不厌其烦地开管理类的书单，从德鲁克到陈春花，从科学管理到精益生产，开着开着出现了一个疑问，从来没有一个学员返回来再问："老师，还有什么值得一看的书？"

我做了有心人，回访让我开书单的学员："嘿，我给你推荐的书买了没有？看了吗？怎么样？"结果一路问下去，几乎没有一个学员看完我推荐的书单，大多羞涩地表示："老师，我马上计划一下！"

仔细分析自己，我为什么要看书？

一种情况，我对现状不满，建立新的目标，需要学习；另一种情况，遇到问题无法解决，我希望找到答案。也就是说，"目标"和"问题"是推动学习的动力。

有意思的是，现在很多企业的管理干部不愿意学习，大多被老板"逼"着来听课，听课时甚至带着"挑刺"的心态："现实和理想差距很大，看你老师怎么讲？"

那么，很多管理者不愿意学习，是因为没有需求吗？不是！只要愿意调研，你会发现企业管理者都会众口一词："我们非常爱学习！"

在没有弄清管理者的真实需求之前，我不愿意写书，虽然我的课程也受到学员的追捧，学员也经常问我："老师什么时候出书啊？"

有两件事情促使我下定决心出书：

（1）课中，我提到生产企业的干部要学会做 5S 管理，我讲到 5S 管理对产品品质、成本降低、安全生产的重要性，有个学员下课时问我："5S 管理对企业的确很好，可是管理者如果强力推动，会把我们良好的人际关系都弄没的！"言下之意，5S 管理对企业有好处，可是对管理者没有好处，所以企业要推行，我们就跟着喊喊号子就可以了。

这件事情告诉我，不管是写书也好，讲课也罢，如果我们的内容没有"关联"到学员对象的切身利益，说得再好听都没有实际效果。

（2）去韩国企业上课，企业总经理做训前讲话，分三段：

"各位同仁，今年上半年经济景气指数下滑，根据预测下半年也不会改观，现在我们遇到了寒冷的冬天！"——现实描述，危机到来。

"各位同仁，虽然我们是外国的企业，我们已经在中国注册了，它就是中资企业，请大家不要把我们的企业当外资看！"——悲情讲述，拉近关系。

"各位同仁，在这个困难时期，希望我们能够和衷共济，共克时艰，紧缩开支，做好基础管理，度过这个寒冷的季节！"——言辞恳切，抱团取暖。

三句话，是老板的心声。可是我作为中国人，听到上述言辞以后，想到的第一件事情却是：企业已经不景气了，我是现在就离职，还是看看再说？

中国人的文化元素里面，用危机来激励（如破釜沉舟的故事）是有前提条件的——无路可走，现在选择的机会很多，为什么要吊在一棵树上呢？所以历史上国人遇到危机时，大多用逃难来解决，比如黄河决堤、金兵入侵。日韩这样的岛国，因为它们地方狭小，资源匮乏，危机本身就是激励，因为它们无处可逃。

我和总经理沟通，换成中国人接受的方法讲，在下一个班开课时，这个韩国总经理同样说了三段话，第一段和第二段是一样的，但第三段是这样讲的：

"各位同仁，虽然我们遇到了很大困难，但是我们找到了一种行之有效的方法，这个方法就是乘着危机时刻，我们有时间进行内部流程的完善、现场基础管理的提升，等到市场形势一有好转，我们就可以轻松地弯道超车，快速超越竞争对手。各位同仁，干起来吧，到那个时候，我们的企业必将欣欣向荣、蒸蒸日上，让我们一起来迎接这个光辉灿烂、美好的明天！"

中国人适合用未来激励（如望梅止渴的故事），这个时候，下面的学员就没有想离职的念头。

这件事情告诉我，中国人看外国的管理书籍，有时候由于文化背景不同，不能一概而论地拿来就学，需要转换。

我下定决心，用中国人的文化，从关联读者利益的视角，讲述管理的理念和工具。

由于作者水平有限，内容视角又有不同，可能会让读者不能完全认同，敬请谅解。

在写作的过程中，得到了助理吕琳老师、编辑王哲老师的大力支持，在此一并表示感谢！

戴良桥

前　言

当前，在"互联网+"和"产业结构转型"的大潮中，中国一大批企业顺势崛起，它们有的光耀闪闪，发展蒸蒸日上；有的却因外部条件的变化，不能适应新形势，一夜之间轰然倒塌；有的悄无声息，艰难挣扎之后依然毫无进展，淹没在创业的汪洋大潮中；有的延续过去的辉煌，继续高歌猛进，成为所在行业的象征与代表……造成这些企业分化的因素值得关注，而毫无疑问的一点是，具有强大执行力和高水平管理能力的中层干部，是支撑企业发展的坚强脊梁和持久动力。

我国中小企业的主要特点是起点不高，数量众多，行业分布广，多集中于劳动密集型产业。面对"互联网+"的异军突起和国内"产业结构转型"的新局面，人才缺乏成为企业发展的关键问题，尤其是高素质管理人才的缺乏已严重制约了我国中小企业的健康发展。因此，提高中小企业劳动者素质，建设一支宏大的高素质人才队伍，培养、吸引和用好人才，应该作为促进中小企业发展的一项重要任务。

中层管理者作为企业的中坚力量，他们在企业的发展进程中起着举足轻重的作用。高层管理者确立了企业的发展方向，制定了企业的发展战略，可经常因为找不到有执行力的中层管理者而让企业的发展处于困境。高层管理者因中层管理者的忠诚执行，因中层管理者的创新管理，因中层管理者的角色得当，因中层管理者的鼎力相助，而使企业屹立不倒、长足发展的例子亦比比皆是！

如果说高层管理者是企业的"大脑"，中层管理者就是企业的"脊梁"，基层管理者是企业的"四肢"。中层管理者所处的承上启下的中间位置，决定了他们作为企业战略执行者的地位。企业的成功取决于高层正确的决策与中层有效的执行，两者犹如车之两轮、机之两翼，缺一不可。中层管理者作为企业战略规划的执行者，已经受到企业的高度重视和强力关注，如何有效发挥中层管理者的这一作用，提高他们的执行能力，已经成为关系到企业成败的关键性问题。

当下股权结构改革非常热门，也使企业思考怎样通过股份制改造来提升中层干部和骨干员工的工作积极性。本书从中层管理者的角度出发，来看企业的中层管理者应该具备怎样的心智模式、应该如何思考问题、应该怎样面对工作、应该如何面对员工等问题。

同时，由于企业经营规模的扩大，生产技术的迅速发展，生产过程的高度复杂化以及市场竞争不断加剧，迫使企业需要迅速、及时地实施战略决策。对企业的中层管理者来说，不仅要严格地执行和组织实施企业高层的决策方案，还要发挥其作为一位管理者的影响力，通过有效的战术决策，提高方案的实施效率和效果，立足于企业和自己负责部门的全局，实施领导行为以有效地实现企业的目标。

那么，中层管理者应该具备怎样的心智模式、怎样的行为标准、怎样的管理创新，才会让企业步步为赢，助力企业创新、创业成功呢？

中层管理者应当注意做到以下几点：修炼中层的心智模式，提高工作应用能力，激发中层心智动力，从而引爆团队工作效力！

目　录

第一章　角色定位：我是谁

第一节　中层从哪里来

接受高层管理者委托，延伸高层管理者管理职能

中层管理者作为一个企业的重要阶层，在企业日常运营过程中起着承上启下的作用。如果把企业比作人，高层管理者就是企业的大脑，给企业引领方向，决定企业发展路径，寻找企业生存和发展的能量源；中层管理者就是企业的脊椎，支撑着整个人体，传递信号，提供肌体力量的源泉，在行动中反馈信息，修正误差，让人体处于平衡、稳定、受保护，同时按照大脑的意图行事；基层管理者是企业的四肢，员工就是四肢的触角和感官，既提供执行的方向和力量，又提供执行过程中的感知，通过神经系统、脊椎反馈给头脑，为下一步的决策提供依据。中层管理者的好坏直接影响到企业的形象、生存质量和企业寿命。

那么，中层管理者首先需要明确的问题是：这个职位是如何获得的？

这个问题道出了管理者的角色来源、最终向谁负责和怎么负责的问题。

有人说，是因为自己很努力也很有能力；有人说，是因为自己有亲朋好友推荐；有人说自己人缘好，大家服自己，是群众领袖；还有人说，自己和高层管理者谈得来……可是在这些理由中，哪一个是最关键的呢？绝大部分人都认为：自己努力最重要。

可是事实如何？这个是我们角色影响因素的终极问题，下面我们来分析一下：

自己努力，重要不重要？当然重要，可是它是不是被选拔为管理者的关键因素呢？答案是否定的。我们经常看到，能够被选拔做高层的往往不是最勤奋、最辛苦的那个人，如果我们认为努力就是敲门砖的话，那么，把一个人放到荒岛上面去辛苦劳作十个月回来就一定会成为高层吗？很显然不一定。努力，是让高层管理者发现你的一个前提，可以赢得高层管理者重视，但不是提拔为管理者的关键要素。

亲朋好友推荐，对一个个体来说，非常管用。可是绝大部分的管理者都不是亲友推荐的，我在做管理的时候，也经常会接到推荐信息，我的处理办法是：同等条件下可以优先，但是如果这个被推荐人根本不具备做管理者的特质，就不会用这个人。推荐只是一个辅助因素，不是关键因素。可是很奇怪，我去有些国有企业培训时，我问，成为管理者的影响因素有哪些，结果1/3的中层管理者认为，背景很重要。在一些国有企业里为何有这样的错觉？仔细分析一下：

第一，国有企业由于系统比较完善，岗位职责比较清楚，对适应岗位的个人能力要求并不高，只要严格执行就能完成工作，稍微有些能力的人就能胜任，这样导致个别有裙带关系的个人被提拔也能够担当，导致在国有企业不是最有能力的人到最重要的岗位。这样有能力的人就会有误解，能力其实不重要，关系才是生产力。

第二，在过去的管理中，的确有个别国有企业的负责人没有把企业的目标放在首位，而是把个人的人际关系或者私欲放在主要位置上，导致某些国有企业的员工有这样的错觉。

第三，国有企业和私营企业比较，相对比较民主，要求集体决策，反应机制比较慢，不是员工有能力，就有被提拔和重视的机会，员工提拔相对滞后，导致员工觉得努力了也没有用，其实真实的情况并不是这样。

即使在私有企业，亲友关系也不是当管理者的主要影响因素。可是私有企业在起步阶段，管理者选拔比较倾向家族化，有两个原因：一是"家里人"在危机的时候，容易抱团，在危机过去的时候，"家里人"窝里斗的情况也非常普遍。二是"外精英"看不到小企业的成长空间，也不敢贸然踏入家族企业。所以小企业会是家族企业，可是越做越大的时候，老板一般都会去家族化。

群众领袖是不是做管理者的基础呢？也不是。的确有这样的干部，由于他本身是群众领袖，很容易受到高层管理者的关注（注意，只是关注），再结合高层管理者的其他考量因素，很有可能会被选拔为中层管理者。

我们来看看一个企业的管理者到底是如何产生的？

企业成立之初，仅六七个人，要不要中层管理者，不要！总经理一个人就能管过来了。随着这个企业的不断发展壮大，到了十六七个人，总经理一个人就管不过来了，通常总经理会指定一个副手，这个副手接受了总经理的委托，延伸总经理的管理职能。企业再进一步壮大，到了六七十个人，总经理和副总经理都来不及管了，就要设立中层管理者，由中层管理者帮助总经理和副总经理实施管理，再进一步，主管和班组长就应运而生了。

原来，企业管理者的产生，是因为总经理管不过来了，才有管理者的产生；如果总经理能够管过来，管理者就不会产生。我们见过各式各样的中层管理者，但是真正合格的中层管理者真的不多。他们忽略了最根本的一点：

接受高层管理者的委托，延伸高层管理者的管理职能！

能够接受高层管理者委托，延伸高层管理者管理职能的人应该具备怎样的特点呢？

高层管理者认为你能够接受他的委托，请注意，是高层管理者认为，而不是客观上应该。我们有很多人认为，某位同事工作很努力，应该成为干部。可是实际上我们看到，高层管理者用人让我们很费解，明明我们不看好的人，却成为了高层管理者的座上宾，甚至在民营企业可以看到"裙带关系"的滋生，许多明明没有能力的人做了老板的左膀右臂，我们便高呼"黑暗"！

其实这是高层管理者对你不了解，他宁可相信自家人，即使这个自家人能力不足，高层管理者也宁可弃你这个能力强的人不用。可是，当高层管理者对你了解了，知道你有能力，并且认为你很忠诚，他们一定会用你，怕就怕在高层管理者们没有对你建立起足够的信任。当然，企业在做大、做强、做久的过程中，会慢慢摒弃"自家人"，逐步去家族化。但是在企业还没有做到足够大的时候，老板们会用他们认为"能够接受他们委托的人"，而不是客观上应该"能够接受他们委托的人"。

这就要求我们有"企图心"的人做两件事，一件事是证明自己有能力接受委托，另一件事是向老板展示你的忠诚，让老板相信，你是忠诚于老板的。这两件事都需要你和高层管理者之间要建立良好的人际关系，并且信任你的能力和忠诚！

那么，做了企业的管理者后，我们应该用什么心态去做管理呢？

【案例】

学员小张听戴老师上课非常入神，感觉到戴老师所讲述的内容非常棒，下课了就来和戴老师聊天，聊着聊着两人就成了好朋友。小张对戴老师提出了一个请求："戴老师，您的课我听了很受用，可不可以帮我买几本关于管理方面的书籍？"戴老师说："当然可以呀！"可是通过与小张聊天，戴老师开始对小张提出自己的观点："小张，根据我对你的了解，你这人性格比较内向，沉默寡言，遇事爱钻牛角尖，我觉得你在管理方面的发展不会有大的成就，我觉得你应该研究技术，技术可以让你很快成功！"

小张听了戴老师的话之后，沉默了一会儿，说："戴老师，我觉得听了您的课，管理并不枯燥，也是一件很有成就感的事情，我就研究管理，请您帮我。"

话说到这儿，请问大家，应该帮小张买什么书，管理方面还是技术方面？当然是管理！

可是生活中常常有这样的人，借着"关爱"的名义，这样说："小张，我怎么可以看着你沦落呢？怎么可以看着你不成长不进步呢？明天，我就去买关于技术方面的书，回来后，做计划，陪你一起学。我一定要看到你的进步和成长，让你这一生出人头地！"请问，这样的"好朋友"你喜欢吗？一定不喜欢，因为别人委托你做事，你却改变了别人的发展方向，把自己的世界观强加给别人，这是非常不道德的。如果小张由于没有看技术方面的书而看了关于管理方面的书，这一生没有成就，没有成长，最后的结果由谁承担？当然是小张自己。

所以我们应该做的是，你认为小张不对，你可以建议，但是建议不被采纳，你就按照小张的要求去做。

国内大部分的中层管理者是因为基层业务做得好提升到中层做管理，但担任主管工作以后，没有完成角色的转变，仍然以业务为主，丝毫没有意识到自己的管理职能需要学习和修炼；有的中层全靠一张嘴，上迎下压，在老板面前说得天花乱坠，奉承老板，自己对本部门的业务不求甚解，了解不透，知之甚少，就去命令人、使唤人、教训人；而有的中层管理者，业务能力有，管理也多少懂点，但就是不能把本部门的工作效率提上去，工作见不到实际的效果。这些都是管理者的角色没有转换造成的。

与老板们聚会时，经常听到他们的抱怨，抱怨自己的中层管理者不能真正替自己分忧，只知道一味地去要权力，而相应的义务却不敢或不愿承担，碰到困难就到老板这里请示，这是一个很坏的现象，其实，这也是中层变相推卸责任的一种"隐性技巧"。但在中国，还有另外一种常见现象，那就是作为中层管理者普遍比较喜欢下属来汇报、请示工作，喜欢下属经常地敲他们的门，而不是亲自下到一线去了解实际发生了什么。

如果中层管理者能深刻认识到自己的位置是由于高层管理者的委托而来，是高层管理者或老板委以重任，让他帮自己来完成公司的管理的，他就会深刻理解老板的意图。企业总经理尤其是民营企业中的领袖，是企业的灵魂人物。老板的思想就好像一盏明灯，是企业的行动指南。因此作为中层干部，你必须了解老板的世界观、价值观，未来发展的愿景，并把他的思想作为指导工作的指南针。有很多中层干部总是抱怨，他们给公司提了很多的发展建议，从人事管理到技术创新等，但是却没有得到老板的认可，可是他们从来没想过自己的这些建议是不是同老板的世界观、价值观相违背，你认为的"好建议"只是你自己的一厢情愿，是在你自己的世界观和价值观指导下设计出来的。

【案例】

过去有个职业叫"挑粪工"，挑粪工每天早上都要把街道居民的粪便收集起来，用担子挑出街道，由于竞争激烈，挑粪工竟然会出现忙闲不均。有一天两个挑粪工闲下来聊天：

甲说："这个挑粪工作很吃力，可是有时还抢不到活儿，唉，太累了！"

乙说："可不是嘛，听说京城里皇帝权力很大，如果我当了皇帝就好了！"

甲说："如果我当皇帝，我就命令张大户家的粪都由我来挑！"

乙不屑地说："如果我当皇帝，命令这个街道的粪不准别人挑，只能由我来挑！"

甲附和说："如果我当皇帝，我要命令所有主顾的马桶都送到东街口，省得我每家每户去收！"

……

站在自己的角度去揣摩老板，是管理的大忌。

要知道公司不会随意因为某个人的意愿而改变。公司的变化大多数情况都是在老总的思想变化以后才开始慢慢变化，而不是在某个职业经理人、部门经理的思想发生转变的时候变化的。在这里，作为中层管理者要知道在老板的思想没有转变之前，可以通过一定的方法去促使或影响老板转变。作为中层管理干部，我们能做的就是如何在老板现有的思想下，把事情做得更好。中层是树干，这不应该只是一句空话，而应该真正地落到实处。作为中层管理者，你是否意识到了你自己的职能了呢？

做一个负责任的中层管理者

面对自己的老总，你应该做的就是做一个负责任的下属。对于老板交代的任务一定要不折不扣地去完成，这个不折不扣，是要把老板的意图转化为可以行动的方案，结果是一定的，方法有千万种，在这千万种方案里选择一个最好的方案去做，达成老板的结果目标。

在做的过程中，资源可以去争取，方法可以去调整，但是老总的结果目标、时限要求、风险管控是不能够打折的。有时候遇到困难，中层首先要想到的是"假如我是老板，我应该做什么？"而不是仅仅站在自己岗位的立场上去考虑，去行动。

如果完成任务超出了你的职权范围，你应该向高层管理者报告并申请权限。

一个负责任的中层管理者的表现是这样子的：

第一，高层管理者布置任务，愿意承担。公司的目标实现，都是由各种任务组合而成，任务实现了，目标自然就会实现。一个管理者能担当公司布置的任务，是一种优秀的表现，可是很多管理者在接受任务时，常常先看任务是否容易完成，如果不容易完成，他就会这样说："领导，这个任务我没法完成！"遇到有难度的工作就推诿，一点担当也没有。优秀的中层管理者会站在公司的立场上审视这个任务，他会与高层管理者讨论资源的重新组合及人员的重新调配，想方设法去完成这个任务。他会这样说："领导，如果这里调整一下，这个任务就没问题了！"

第二，完成任务的过程，不断调整。在任务完成过程中，会有很多不确定的情况出现，优秀的中层管理者会首先制订完成任务的计划，在执行计划的过程中时刻关注现况，及时根据新情况进行任务的进程、节点控制，关键点检查，效率和效益的调整或控制，确保任务在最节约、最安全、最符合质量、最符合交期的状态下完成。

第三，结果呈现时，敢于担当。任务的完成会有很多的不确定性，在计划设计时感觉没有问题，可是在实现过程中又出现了变数，或者因为计划不周详，出现了结果偏差。一些中层管理者马上"弥补"，用一些变通的办法，把责任归罪于外部因素，向高层管理者两手一摊："你看，情况太过复杂，没有完成是有原因的。"以此逃避责任，这是没有担当的表现。优秀的中层管理者不回避结果，敢于承担起自己的责任，他与高层管理者的沟通一般是："领导，在这个问题上，我有责任……"即使任务完全完成了，优秀管理者还会做一个事情：自省，审查自己在完成这个任务时，有哪些可以改进的空间，还有哪些可以避免的失误。

还有一种中层管理者，以服从为名，听命于高层管理者，不断"请教"高层管理者，让高层管理者出主意想方法，自己不动脑筋，任务完成了是自己努力的结果，任务没有完成是高层管理者方法有问题，自己从来不犯错误。高层管理者也慢慢被下属"磨合"习惯了，遇事果断，雷厉风行，马上就给出下属行动方案，养成下属慵懒的坏习气，造成最知道实际情况的中层管理者不做决策，执行力差，难以一次把事情做对。久而久之，企业高层管理者的内心深处便会形成下属必须无条件地服从"我"的指示、照"我"的办、听"我"的话的意识，就会在企业文化中传播一种被动的奴性。

许多企业不乏管理现代企业的章程，引进了许多先进的理念，但仍然不乏"家长式"的指挥。让下属负责任，为下属做决策"松绑"，让下属展露才华，给下属提供管理平台，这才是一个企业优秀老板的宽阔胸怀，也是各位成为优秀中层管理者的成长土壤，这样才能培养出负责任的中层管理者。

成功的领导，在于99%的领导者个人所展现的威信和魅力以及1%的权力行使。而这种威信与魅力，正是来自于领导自身的行为。

雨伞定律——当你为别人遮风挡雨时，别人就会把你举在头顶。

做个下属拥戴的中层管理者必须做到三点：

第一，让下属建立起与公司相一致的目标，在下属完成目标的过程中，为他创造好的实现氛围和条件，下属既能自主管理，有主观能动性，又能在你的帮助下实现目标，就会更加感激你的帮助，让自己有威信和魅力。

第二，古语说"己欲立而立人，己欲达而达人"，这句话的意思是说：只有自己愿意去做的事，才能要求别人去做；只有自己能够做到的事，才能要求别人也做到。作为现代领导者必须以身作则，用无声的语言说服员工，这样才能具有亲和力，才能形成高度的凝聚力。

所谓以身作则，就是应该把"照我说的做"改为"照我做的做"，这样才能起到更好的教育激励作用。然而，现在有些领导者总对他的员工说"照我说的做"。可他们不明白，这是下下之策，真正的上上之策应该是"照我做的做"。中层管理者是一个团队的先锋，也是员工体会公司文化和价值观的第一个接触点，自己本身的工作能力、行为方式、思维方法甚至喜好都会对团队成员产生莫大的影响。作为中层管理者，就一定要勇当下属学习的标杆。管理者要想管好员工必须以身作则。管理者要事事为先、严格要求自己。一旦在员工心中树立起威望，就会上下同心，大大提高团队的整体战斗力。

第三，与高层管理者保持良好的人际关系。在中国，"圈子意识"是一个比较根深蒂固的文化，如果你和高层管理者不在一个圈子里，下属会远离你。一个优秀的中层管理者，学会怎么和高层管理者相处，怎么和中层管理者搞好关系，是一件很重要的工作。

得人心者得天下，做员工敬佩的高层管理者，将使管理工作事半功倍。

中层领导者要学会忍耐

有时，看到高层管理者"耍官威"，发"官脾气"，我们就认为高层管理者的管理"粗暴"，没有章法。其实，德鲁克曾经就管理有过描述，"管理不论对错，只论绩效"。管得好不好，有没有成效，往往是通过成果来进行检验的，而不是通过感觉，或者管理有一个天生的标准，所以，高层管理者有时要官威、发脾气不能只看表面的现象，而是要看他要官威和发脾气之后有没有解决问题，有没有推进工作，如果没有，这种官威和脾气便毫无意义。但是，当高层管理者的官威和脾气震慑住了某些势力，通过要官威让别人认真思考了高层管理者的想法，做出了行为的调整，这种官威和脾气就是有意义的。当然，作为高层管理者，什么时候该发脾气，什么时候该要官威，也要进行研究，不能顺着自己的性子来，想发就发，想要就要，运用好情绪做管理也是一门学问。

当高层管理者发脾气、要官威时，我们这个时候应该深思：为什么？我的坚持为什么惹得高层管理者发怒，我的确需要反省了！而且一个聪明的高层管理者发脾气一定会考虑后果，那么高层管理者为什么会无视我的情绪，无视我的"决策"，我的确应该好好想想了。

千万不要意气用事，经常有人说"此处不留爷，自有留爷处"。我为什么要在这里吃闷亏？看似壮志凌云，可是谁能保证，你换一个单位之后就没有同样的情况发生？作为一个职业经理人应该认识到，职场上没有世外桃源。辛辛苦苦换了一份工作，才发现还不如上一个单位，世间的人情世故是一样的。

中层管理者在一次次忍耐中让高层管理者看到你的胸怀，在一次次忍耐中赢得下属对你受委屈后平静如水的尊敬。忍耐是给自己创造机会，忍耐是给自己留下重整旗鼓的时间。忍耐是中国人最智慧的处理事务的方法，所以中国老祖宗留下了一句名言：小不忍则乱大谋。

我们知道对下属发脾气，大多数时候是高层管理者对未能按照要求完成任务的下属的一种惩戒，它要比温和的批评和规劝强烈得多，通常也会有效得多。利用发脾气来推进工作是十分有效也比较简单的一种管理技巧，可以达到"文治贤助，一张一弛"的效果。发脾气可以在工作紧要关头再加一鞭，也可使下属对自己的错误有一个深刻而清醒的认识，所以成为许多人的领导技巧之一。发脾气是人类的一种很普遍、很正常的心理现象的外在表现，是心理压力过重的结果。发脾气可以使高层管理者释放过大的压力。我们不能只看到高层管理者享有权力，还要看到他必须承担相应的责任。在巨大的责任压力下，高层管理者的心情紧张是可以理解的。所以，高层管理者的脾气看似无常，实则是心理活动的一种必然表现，我们应该理解高层管理者的这些情绪变化，从而以平常心看待这些状况。

也许有时候你也没错，也应该先避其锋芒，从长计议。只要你在这个公司长期干下去，何必在乎一时的不快呢？忍耐往往比抗拒更有效，即使你在情感上掩藏着极大的不满，都应理智地执行高层管理者的命令。顶撞只会使自己与高层管理者的关系在某个特定阶段陷入紧张状态，日后想缓和、改善这种僵局，那你所付出的代价可能比你当时忍辱负重所付出的代价要大很多倍。

第二节　高层、中层、基层各有工作重心

高层管理者的工作重心

高层管理者需要制定公司的策略性目标、战略、方向和定位，包括公司长期的发展、投资回报以及市场占有率的增长。由此我们可以看到，高层管理者要对公司的长期和变化负责，换个角度说公司是否有未来，是否能够不断地变化，取决于高层管理者。高层管理者通过塑造愿景、资源整合、领导

层架构和流程设置来完成战略目标的管理工作。

德鲁克认为，高层管理者的主要任务应为以下六项：

第一，仔细考虑企业的使命，即提出"我们的企业是什么以及应该是什么"的问题。这就要求确定目标、制定战略和计划，为了取得未来的成果而做出决策。显然，只有企业的高层管理者能够纵览整个企业，能做出影响整个企业的决策，能把目前的和未来的目标加以平衡，并能把人力和金钱资源分配到能取得关键成果的项目上。

第二，有必要确定标准、树立榜样，即企业需要有正能量的职能。需要由企业管理者来关心企业目标和实际结果之间的差距——而这个差距常常是很大的。需要关心关键领域中的远景和价值观。这种关心需要企业老板经常坐下来和他的高层管理者讨论企业宗旨和使命。

第三，企业是人的组织，因此企业负有建立和维系人的组织的职责。企业必须为未来培养人才，特别是为未来的高层管理培养人才。一个组织的精神是由高层管理者创立的。他们的行为准则、价值观、信念，为整个组织树立了榜样，也足以决定整个组织的发展。

第四，同样重要的是一些只有企业的高层管理者才能建立和维持的重要关系。它们可能是同顾客或主要供应商的关系，可能是同银行和金融的关系，也可能是同政府或其他外部机构的关系。这些关系对企业取得成就的能力有着极为重要的影响。而这些关系又只能由代表整个企业、为整个企业说话、为整个企业承担义务的老板建立和维持。

从这些关系里产生了一系列高层管理的政策决定和行动——有关环境和企业对社会的影响，有关其雇佣政策和对拟议中的立法的态度。

第五，存在着无数礼节性的活动、宴会、社交活动等。对于在地方上处于显要地位的中小企业的高层管理者来讲，比起大公司的总经理，这些活动实际上更费时间而又更难避免。

第六，必须建立风险机制，以便在风险出现时有人接管处理。那时必须有组织中最有经验、最聪明、最卓越的人来处理风险。

中层管理者的工作重心

中层管理者要根据高层的战略性目标对功能性目标负责，包括中期的发展、生产力水平以及人力资源的发展。中层管理者要通过流程设计、制度制定指导帮助下属将目标转化为任务。由此我们知道中层管理者需要对企业的稳定和效率负责，也就是说公司是否具有高效率，是否拥有合适的人才队伍，取决于中层管理者的水平。

中层管理者对员工进行评价、考核和培训。为什么人力资源的工作是中层管理者负责而不是高层管理者负责，因为只有中层管理者直接面对企业所有的员工，高层管理者能够接触的员工很有限，而人力资源管理的主要职能就是发挥所有人的能力，培养人和任用人。同时，如果中层管理者能够培养很多人，可以肯定这个公司是稳定的，所以，中层管理者最重要的贡献就是维护公司的稳定和提高公司的效率。

同样的情况也表现在质量、成本定额完成的情况中，当公司出现产品或服务品质下降、成本失控、定额不能完成的情况，肯定是基层管理者有问题，要么就是基层管理者能力不够，要么就是基层管理者的精力不够，或者是基层管理者工作方式有缺陷。所以我们需要关注基层管理者能力的培养和提升。基层管理者的培养，是中层管理者的责任。

但是在日常管理中，这里问题最多，很多时候企业的安全、质量、成本、员工士气的问题都是由高层提出，并提供解决问题的方法。提出问题并没有错误，错误在于作为公司最重要的管理工作——安全、质量、成本、员工士气应该由中层承担管理责任。中层管理者的作用是承上启下，是培训和监督基层管理者，往往在这儿中层缺位，没有让基层管理者关注这些问题，并为此付出自己的努力，上述问题就不能得到控制。

在现实管理中，中层要动脑筋思考如何降成本、提质量、控安全、提士气，并且想办法把高层的意图转换传达给下属。现实往往是中层没有管理好基层主管，更没有科学、合理的考核机制。而基层管理者的工作方法、工作效率得不到改善也是中层管理者的责任。

【案例】

我的一个客户单位做咨询，我需要一些数据，老板给我一些纸张，我非常感慨，因为老板用的是二手纸，我非常欣赏他的做法并赞美他，他却说："做企业不易，时时刻刻都要考虑到节约，我一直要求手下也都这么做！"

下午，我们出一个报告，需要打印出来向老板汇报，让人力资源部专员帮助打字并打印，结果看到相反的现象。因为几次出现排版错误，标点错误，视觉效果不好，专员每次都废弃整张纸（扔进垃圾篓）重新打印，丝毫不考虑浪费的问题。老板很少打印却非常珍惜每一张纸，而经常都打印的人力资源专员却毫不珍惜纸张。

我非常惊讶于这种现象，与专员攀谈："你为什么不用二手纸呢？这个文件并不是给客户的，是我们的过渡性文件。"

专员："纸张能值几个钱？企业在这儿斤斤计较就太小气了。"

我试探着问："老板中午给我的资料是用二手纸打印的。你怎么看？"

专员："他是他，我是我，又没有谁叫我一定用二手纸，无所谓喽。"

这就是中层的工作缺失，导致老板的思想不能传递给下属。

因此，问题的关键是企业的目标实现一定要从中层管理者抓起来，即先制定出工作的标准，制定工作的策略，研究完成工作的具体方法，培训和考核部属，在执行中让基层主管检查考核，由基层主管承担结果的呈现，否则不管公司怎么强调，不管高层管理者如何身体力行，效果都不会太好。只要中层管理者发挥作用，企业高层的战略和目标才能够实现。所以作为一个高层管理者，虽然很注重管理，但是没有直接的意义，因为只有中层管理者对于执行力才有直接贡献，如果发现企业的执行力有问题，一般情况下一定是中层出了问题。

基层管理者的工作重心

高层管理者根据愿景制定目标，中层管理者将目标转化成任务，而基层管理者将任务分解成作业。当所有的管理者都能够做出贡献的时候，企业发展的矛盾就得以统一协调，企业就可以获得稳定持续的成长，这就是计划管理的好处。

基层管理者要对日常操作性的目标负责，包括短期的发展、工作安排、销售定额、成本控制以及生产力标准。由此我们可以得出结论，基层管理者对短期和效益负责，也就是说公司是否具有盈利的能力，是否可以降低成本、保证质量，取决于基层管理者的能力和水平。

没有发挥计划管理的职能，而是让高层管理者负担所有的责任，无论是成本的问题、质量的问题、盈利的问题，还是人力资源管理的问题、效率的问题，统统都归为老板的责任，并没有清楚地划分不同的管理者承担不同的责任和目标，导致很多企业平衡不了长期与短期、变化与稳定、效率和效益的关系。

我们甚至犯了一个极其大的错误但是并不自知，这个错误就是：我们的高层管理者做着中层管理者，甚至基层管理者的事情，不断地为安全、成本、品质和效率花费精力，他们并没有关注投资回报以及企业的未来，这就是中国目前的管理状态。

我经常和很多高层管理者甚至是企业老板沟通，但是很多时候我被问到的话题是执行力的问题，选人、用人的问题，甚至还会探讨组织内耗的问题。其实企业是否能够培养人、发挥人才的效用、保持企业的稳定，需要中层管理者的努力和付出，可以理解为人员管理应该是所有中层管理者的职责，而不仅仅是人力资源部门的职责，人力资源部门的职责是业务分工，而培养人和选拔人的工作是中层管理者自身的工作。关于人的这个部分，也就是人力资源的管理，最关键点在于企业整个中层管理者。

计划管理职能的发挥是极其重要的，在实际运用中，高层、中层、基层管理者的职责不能互相替代，更不能让高层管理者承担所有的职责，因为如果这样的话，表面上看似高层管理者非常负责，事实上非常不利于企业的发展。我们最容易犯的错误就是高层管理者承担着所有目标的达成：成本、培养、人才、质量、管理效率等，导致的结果是中层管理人员和基层管理人员变成了员工，拿的是中层和基层管理者的工资，却做着员工的事情，而在这种情况下中层和基层管理人员也觉得很郁闷，因为他们没什么成就感。

第三节 中层管理者应该具备的素质

我们在谈论中层管理者角色的时候，经常会忽略一个问题——是不是什么性格的人都适合做中层管理者？有人认为，只要经过适当的培训和锻炼，从技术工人提拔成管理者不是什么难题。但是我们先来思考一个问题：

如果你是动物园的驯兽师，你认为是教猴子上树容易？还是教水牛上树容易？

答案毫无疑问，猴子具备天然的爬高落低的本领，基本上不需要多费劲就可以学会上树，但是一头水牛呢，即使你把四只蹄子绑到树上，它还是学不会上树。

我们必须承认的是，人和人是有不同特质的，有的人天生就是干技术的料，让他去做管理是强人所难；而有的人会处理各种不同的人际关系，情商很高，也善于研究工作的条理性，这样的人可能就比较适合提拔为管理者。

具体来说，根据我国目前大部分企业的管理基础和现状，以及大部分企业中层管理人员的管理水平，目前企业中层管理人员的基本胜任力素质至少应具备以下几个重要方面：

性格外向，表达力强

作为中层管理者，需要上传下达，把老板的目标变成任务，安排下属去执行，所以整体上要求性格不能太内向，需要不断沟通、交流，以明确任务，疏通下属思想，鼓励工作斗志，管理员工思想。但是在管理上对表达能力的要求不仅仅是说得清楚，而且是听得明白。

比如有个中层管理者有 20 个属下，有一次布置任务，19 个人听明白了，但是有一个人没有听明白，然后这个人按照自己的理解去做工作了，结果给公司带来损失，这个后果由谁来承担呢？

在这里要强调两个关键词：责任和后果。

这件事，领导已经让 19 个下属听明白了，这说明逻辑清晰，流程没有问题，但是员工自己理解有偏差，造成的结果，还是由领导承担，但是没有听懂任务的责任，要员工自己承担。

在管理上有一个词叫"关闭"，就是说每布置一个任务，都应该形成一个闭环，这有助于任务的清晰传达和正确执行。管理学中的一个通用模型是PDCA，最早由休哈特于1930年建立，后来被美国质量管理专家戴明博士在1950年再度挖掘出来，并加以广泛宣传和运用于持续改善产品质量的过程。PDCA由英语单词Plan（计划）、Do（执行）、Check（检查）和Adjust（纠正）的第一个字母组成，PDCA循环就是按照这样的顺序进行质量管理，并且循环不止地进行下去的科学程序。这保证了每一个指令都可以清晰传达，每一个任务都能得到准确的执行，这在布置任务的阶段，就要求不仅说清楚，而且听明白，所以这就是中层管理者需要学会的沟通能力。

外向型管理风格意味着成为注意力的中心：开朗、决断、大胆、能言善辩并有能力占据主导地位。这种领导者能提供明确的权力结构和发展方向。但是，如果这些领导者所管理的员工同样具有良好的主动性并勇于发言，就有可能产生摩擦。而如果把这些员工与内向型领导组合起来，就可以通往成功。沃顿商学院管理学教授亚当·格兰特（Adam Grant）与两位同事近期就领导力和群体动力学发表最新研究，对"最高效的领导者往往是外向的人"这一传统假设提出了质疑。"事实证明内向型和外向型领导风格的效率不分上下，但成员组合的方式不同，就会对结果造成差异，"格兰特表示，"作为一名社会科学家，这样的结论无疑有着重大的意义——一个组织内的成员结构非常复杂，你很难说哪种风格就一定比另一种风格更有效……我们的研究着重于在何种环境下哪种风格更有效，而不是简单地尝试证明哪种更好。"

格兰特和他的研究伙伴发现领导者及其员工呈现出一种直接简单的反向关系：如果员工主动性高，内向型管理人员能够带领他们创造更高的盈利；如果员工不是那么的积极主动，那么外向型管理人员则更能够带领他们创造高盈利。"在动态且不确定的经济中，这种主动的行为尤其重要，但由于外向型领导者本身就容易成为注意力的中心，因此员工太过主动反而可能令他们遭受威胁，"格兰特表示，"相反，内向型领导者更倾向于认真听取建议，并支持员工发挥主观能动性。"虽然有例外，并非所有的内向性格都不适合做中层管理者，但整体上人们更信赖善于沟通的管理者。

多疑善问，改善创新

作为一个中层管理者一定要学会多疑善问、勤于思考、勇于创新，不能抱着"差不多、过得去、慢慢来"的思想，这样无法管理好团队。一个企业要想获得持续的竞争力，就必须打破"差不多"的思想，学会用精益求精的精神来对待每一天的工作，追求卓越的执行文化。在发现问题的时候，有些经理人会采取原谅第一次的做法，即"这次算了，下次注意"。调查发现，在原谅一次并提醒下次注意的情况下，90%的人下次依然不会注意。经理人不能用"我以为"的借口推卸责任，要有勇气承担后果，敢于说"这是我的错"。只有主观上变得积极，才能有更强的执行力来推动整个战略的实施。

要养成多疑善问的习惯，通常我们提到的"多疑"，是一个贬义词，但是我们在管理上说的"多疑"，就是要多问几个"为什么"。比如有人来汇报问题，说某人犯了什么错，说得绘声绘色、栩栩如生，有经验的管理者会存一个疑心，到底他说的是不是真的，要找到当事人问一下，甚至找到第三方去多面了解事实，这样才能不被讲述人的情绪和个人情感蒙蔽。这是对人要质疑；对事情也一样要多疑多问。

【案例】

儿子很小的时候，大半夜发烧，我准备将他送到医院去，老婆急了："晚上值班的医生多半是实习医生，不能让儿子做人家的'小白'。给儿子吃退烧药吧，天很快就亮了。"我一想也对，于是给儿子吃了退烧药。

可是在临近早晨的时候，孩子的热度又上来了，我们夫妻俩不敢怠慢，立即送他去医院，即使他们是实习医生也比我强啊！

医生一检查，马上就判断：急性胃肠炎。立即打退烧针，输液，观察。病情立即得到控制。

我们夫妻在前面只是解决了问题的表象，医生才是解决问题的本身。

有很多干部很忙，为什么？总是在解决表象。

比如清扫卫生，地上脏了，赶紧扫，地上又脏了，又扫，反复扫，重复好多次。会做管理的干部扫过一次、两次以后就开始思考：地上为什么会脏？把发生地上脏的源头找到，直接解决问题源头，就会减少清扫的频次，工作量反而会减少。所以老子曾经讲"无为而治"，这个无为不是任由地上脏，而是通过前端的管理，让脏污不发生，这才是一个优秀干部的价值体现。

下属汇报问题时常用这样一句话："领导，我们出问题了。"当遇到这种情况时不要先乱阵脚，要先问一句："你说怎么办？"等到解决问题以后，又要问一句："为什么会这样？"

提出"为什么"是解决问题的前提。所有管理人员都要勤于问"为什么"，只有这样，才能从表面深入到问题的实质。创新是对旧事物的扬弃，既批判又继承。当今时代是变革的时代，企业管理者不可缺少创新意识、求变的欲望、冒险的激情，概括起来就是创新精神。而企业创新又离不开企业文化，文化的价值在于它悄然无声地浸润人的心灵，铸造企业的灵魂。

多疑带来彻底的改变，但是多疑也是有边界的，即只能在自己能够影响的范围内找原因，让自己改变。如果一开始就眼睛向外，找别人应该改正和纠错的点，那么就是推卸责任了。

承担责任，公平公正

我们看到《人民的名义》里面李达康书记在接受省委书记沙瑞金在信访局的问询时，表现就可圈可点。李达康曾经就信访局接待窗口过低严厉批评过孙连城区长，孙区长苦于没经费并没有多大改变，在沙瑞金质问的时候，李达康的第一句是说："这一切都是我的责任，我不解释，也不推脱。"李达康敢于承担，是好样的。

我们目前强调更多的是员工，实际上常常忽视了管理层的责任。让管理者负责起管理责任是目前企业提高执行力的重要环节。让管理者负起管理责任，学会用管理思维思考管理问题，用管理语言描述管理问题，用管理手段解决管理问题，这样企业在一个良性的轨道上发展和进化。就像人类进化一样，企业也是需要不断进化的，如果你不能找到其他可控制的办法，那就向管理要执行力。管理者不应是高高在上、颐指气使的特权群体，他们应有着更大的担当，一个有担当的管理者，会在公司中有着更高的威信和更忠实的下属，有更高的个人魅力和管理能力，能够更出色地完成使命。

勇于承担责任是优秀的管理者，而习惯把自己的责任推诿给别人，就是不合格的员工。

作为一个管理者研究人性的意义在于，如何根据不同的人性来实施管理，而不是只会领导某一类人，而遇到其他类型时就无能为力。

【案例】

我曾经给一个韩国企业上课，听他们总经理给培训班的干部做动员，他是这么说的："今年上半年，我们的生产总量下降 15.6%，情况非常糟糕，在可以预见的未来，我们的客户也调低了市场销售计划，作为供应商的我们销售也好不到哪儿去，所以形势非常严峻，严寒的冬天已经到来。"

"各位同仁，虽然我们是韩国企业，但是我们已经在中华人民共和国注册了，做了正式的工商登记，我们也是中国的企业，我们是一家人。"

"目前我们遇到了很大的困难，希望各位同仁齐心协力、共克时艰、抱团取暖，一起来度过寒冷的冬天！"

这一番话，说得言辞恳切，非常动人。可是它符合中国人的表达习惯吗，符合中国人的激励偏好吗？没有。

我认为，这个总经理的讲话不符合中国人的心理特点，这只能导致中国员工离心离德。我告诉翻译，应该换一种方式，这样说起不到鼓舞士气的作用。在日韩企业，危机可以激励人，我们听到很多案例，当日本企业遭遇裁员的时候，日本企业的员工不要公司的薪资，仍然坚守岗位，因为他们的文化就是这样，面对困难不逃避。对中国的老百姓，想要激励员工埋下头来，与公司共进退，说辞一定不是这样的。我通过翻译把我的想法与总经理深入沟通之后，在下一个干部培训班上的讲话就发生了改变：

"今年上半年，我们的生产总量下降15.6%，情况非常糟糕，在可以预见的未来，我们的客户也调低了市场销售计划，作为供应商的我们销售也好不到哪儿去，所以形势非常严峻，严寒的冬天已经到来。"

"各位同仁，虽然我们是韩国企业，但是我们已经在中华人民共和国注册了，做了正式的工商登记，我们也是中国的企业，我们是一家人。"

说到这里，和前面的内容一模一样，可是下面总经理话锋一转：

"各位，目前虽然我们遇到了很严峻的考验，但是我们已经找到一条很好的发展路径，这个路径就是狠抓内部管理，规范员工行为，实施精益生产，苦练内功。为了大家更好地理解，我们请了戴老师来给我们辅导。在这个时候，我们实施现场标准化了，安全生产抓好了，品质得到保障了，等到整个市场景气起来的时候，我们就可以弯道超车，快速超越我们的竞争对手，只要我们不颓废、不气馁，明天一定是美好的。各位同仁，大家一起来干吧，让我们用双手，共同创造，共同努力，共同来迎接光明灿烂、美好的明天!"

说完之后，下面的干部充满了正能量，对未来充满了憧憬。

为什么要这么讲，中国人是非常聪明和智慧的民族，当外部环境恶劣时，大家就会寻求新的适合自己生长的环境。当总经理说企业情况糟糕时，又看不到希望时，下面的人一定在想：嗯，什么时候走？是现在就走，还是看看再走？所以，在中国做管理，要用愿景和未来成长空间来吸引员工。

同样，中层管理者在做管理时，也因为这些原因没有担当起应有的责任，这是我们自身应该警惕的。

推卸责任，其实是推卸掉自己成长的空间。

正面思考，传播自信

中层管理者要有积极的心态，就是要传播好的、正确的思想。一个企业肯定都有很多好的地方，也有很多不好的地方，我们需要用积极的心态去对待。也许你在服务中遇到了很多困难，我们应该看到克服这些困难后的一片蓝天。

很多人对世界的看法，对企业的看法有很不健康的心理，比如有人看到满山的鲜花，但是有人看见鲜花联想到的是凋零后的残败。有人在企业里说这个不好那个不好，但他却一直待在这里一辈子不走，那就说明这个企业还是有很多好的地方，有不舍的地方，但是很多人看不到这一点，天天说自己企业的坏话。

有的企业管理者或者员工，一边在企业上班，一边在咒骂企业：制度太严，环境太脏，人际关系太坏……甚至"祈祷"企业早倒早好，天天抱怨，浑身充满了负能量。让这样的人带团队，可想而知带出的团队肯定也是充满了负能量，团队成员在团队里面到处找缺陷，找阴暗面，相互拆台，相互诋毁。

作为管理者，可以指出公司的问题，但指出问题的目的不是冲着发泄不满去的，而是通过指出问题去找解决问题的办法去的。井里的水脏，不是我们吐弃它的理由，它需要我们共同爱护它，共同清洁水源，让我们喝上更清洁的水，这才是积极的做法。

积极的人像太阳，消极的人像月亮，初一和十五不一样。当阴暗的现象或困难出现在你的面前时，如果你过分关注这种阴暗或困难，而且对阴暗和困难充满了恐惧，那你就会因此而消沉，但如果你改换一种思路，更加关注这种阴暗的改变，这种困难的排除，你会感觉到自己的心中充满阳光，充满力量。积极的心态不但使自己充满奋斗的阳光，也会给你身边的人带来阳光。

管理者还应有主动的心态，没有人告诉你，你正做着恰当的事情。在竞争激烈的时代，被动就会挨打，主动就可以占据优势地位。我们的事业、我们的人生不是上天安排的，是我们主动去争取的。有很多的事情也许没有人安排你去做，如果你主动去做，不但锻炼了自己，同时也为自己争取这样的职位积蓄了力量，但如果什么事情都需要别人来告诉你，你就落后了，这样的职位也挤满了那些主动行动的人。主动是为了给自己增加锻炼的机会，增加实现自己价值的机会。

管理者本人应该有自己的梦想和愿景。当一个人有梦想、有愿景的时候，别人才会知道怎样做才能帮到你。

【案例】

王晓峰是制管车间主任，他的梦想是做一名非常优秀的制管车间主任，他的愿景是制管车间在他的带领下，通过两年的时间，在本行业做成最高效的生产场所。他设立了一系列的衡量指标——人均产出、成本控制、交货期、安全性等，他把这些指标通通在车间里标示出来，时时进行对照和比较，高层管理者非常欣赏他的做法，经常表扬和鼓励他，并且把他的梦想在全公司大会上予以表彰和推广，使得他的车间员工因为有这样的带头人非常自豪。下属主管因为经常被熏陶，也时常拿王晓峰的指标来衡量对照，与王晓峰一起分析对比，找差距，找原因，共同来推动该项活动的实现。制管车间的士气在王晓峰的带领下，充满了正能量。

有一些管理者在管理活动中，变成高层管理者的传声筒，根本没有梦想和愿景，整天忙于处理突发事件、异常状况。

比如，我看到一个管理者整天忙得不可开交，我与他攀谈。

我："你每天上班干什么？"

他："我解决问题！"

我："解决什么问题？"

他："阻碍公司任务实现的都是问题。"

我："如果没有问题出现呢？"

他："没有问题，我就巡视，等到问题出现就是我大显身手的时候！"

的确不假，阻碍公司任务实现的都是问题，可是这样的管理其实是被动应付，根本没有主动性。为什么主动性不够，就是因为没有对未来的期盼，结果是"脚踩西瓜皮，滑到哪里算哪里"。虽然很忙碌，员工却不喜欢，因为在你的带领下，工作了无生趣，只知道工作、工作、工作，却不知道明天在哪里。

高层管理者对一个没有目标的中层管理者，只能用"要求"去要求他，但是高层管理者的要求往往总是有"压迫感"的，中层管理者大都不太喜欢。所以建立起自己的梦想和愿景是一件非常重要的事情。

自信是一切行动的原动力，没有了自信就没有了行动。我们对自己服务的企业充满自信，对我们的工作充满自信，对自己的能力充满自信，对同事充满自信，对未来充满自信。将优良的产品和服务推荐给我们的消费者去满足他们的需求，我们的一切活动都是有价值的。很多服务人员不相信自己的能力，又怎么样为别人服务呢？如果你充满了自信，你也就会充满了干劲，你开始感觉到这些事情是我们可以完成的，是我们应该完成的。

自信有了，我们要把自信延展开来，去相信别人，信任他人。信任他人会让他人也焕发出自信。

古时候，有一种说法："用人不疑，疑人不用。"那是因为管理手段和管理水平的局限，要检验一个人的周期很长，当你的工作一旦交给他人时，不到万不得已的情况下，不要怀疑他，要用人不疑。

现在，我们应该学会用这样的观念："用人要疑，疑人要用。"人性总有惰性的一面，趋利向好的一面，逃避惩罚的一面，所以，我们把任务布置下去，要怀疑下属有可能做不好，还有可能隐瞒，所以我们要不放弃对下属的检查。可是怀疑下属、检查下属与信任下属又是一对矛盾。

【案例】

我和李总坐在办公室里聊天，一个下属来请示工作。

"李总，后面的综合楼漏雨，需要修理，我找了三家供应商，其中有一家我看比较靠谱，总共需要 8000 元，你如果没有意见的话，就确定由他们来修了，你看怎么样？"

李总说："没问题，你做主，就他吧！"

下属说："如果没问题，我这里有一张《用款申请单》，你帮我签个字，我好到财务科领备用金。"

李总大笔一挥，就签上了他的大名，我无意中发现那张《用款申请单》竟是一张空白表单！

待下属走后，我质问李总："哎，空白表单怎么可以签字？"

李总笑呵呵地说道："没事，这个下属我已经观察多时了，做事比较认真，对我也比较忠诚，最近正准备重用他呢！"

我说："重用他更应该严格，怎么可以没有原则？"

李总很认真地对我说："你觉得他会搞鬼吗？不会。凡是这样签字的，我都会在台历上做个记录，过一周后，我会就此事追问财务部有没有问题。一般来说都没有，但是你知道吗？我通过这样的方式对他表达了信任，他会对我布置的工作更忠诚，会更加用心做好这件事，说不定花费的费用还更少呢！"

虽然我非常不同意他的做法，但是我非常认同他的想法：用信任可以换来下属的忠诚。

自信是信任的核心，有了自信就有了信任别人的可能，而这种信任又能激发下属或周围同事们的工作热情，善用"信任"这样的工具，其实也是管理者的一种能力。

高情商：舍得包容，谦虚识人

我们先要了解一个问题，管理者是智商更重要，还是情商更重要？

从历史来看答案是不言而喻的，刘备的智商谋略不如诸葛亮，才干武功不如关羽、张飞、赵子龙，却可以夺得三分天下，刘备的成功与他过人的情商息息相关；再如宋江，梁山好汉个个武功高强，身怀绝技，但是都能够服从宋江的调遣管理，这些都说明情商比智商更重要。做人做好了，事情才能做好，而做人最重要的就是要舍得。

【案例】

我早年在工厂做工，一帮工友下班后相约一起去看电影。看电影当然要买电影票，为表示自己"大方"都抢着买电影票。"抢"也是有规律的，就是昨天你买今天我买，不占人家便宜，每个人都自觉看平均数。可是，经过一段时间，慢慢地我们摸出一个门道，有些人大方，买的比平均数高，有些人小气，买的比平均数少。有一个"小气鬼"，从来没买过电影票。太小气了，我们都义愤填膺。

我们几个人便相约要治一治这个"小气鬼"。怎么治呢？那个时候买电影票也有一个潜规则，就是谁想买电影票，谁就骑自行车骑得最快，第一个骑到售票窗口下面，数一数来了几个人，就买几张票发给大家，如果有时候虽然不想买票，但是不小心骑到前面去了，也就顺手买了，也显得自己够朋友、够义气。

那天，我们又相约看电影。临行前，大家都相互招呼慢些，好让"小气鬼"走到前面去。可是我们发现了一个很奇怪的现象，我们慢，他更慢！

有个小伙伴非常聪明，骑自行车骑到他旁边去了，一边跟他聊天，一边暗暗使力，很快就把他带到前面去了，大家都慢下来了。两个人远远走在前面，只见那个小伙伴车子突然一晃，小伙伴就下车了，原来车子链条掉下来了，他向"小气鬼"挥挥手，意思你先走，我弄下链条。"小气鬼"果然先骑到售票窗口下面了，可是很奇怪，他竟然锁自行车锁半天锁不上去，等到后面的人都赶上来了，已经有人买了电影票了，他才"啪"地一声锁上了，还自言自语地说"咦，我这个锁一直好好的，怎么就坏了呢?"，依然没有买成电影票，大家都心知肚明，一笑了之。

三十年过去了，我们当时的小伙伴由于各种原因，分散在社会的各个角落，有"好事者"说：聚会吧！很快就把大家召集起来。

结果发生了一幕很值得玩味的场景：凡是抢着买电影票的，都开着汽车来了，凡是"小气鬼"不愿买电影票的，都骑着自行车，最多把自行车换成电瓶车。三十年的时间大浪淘沙，社会像一张巨大的筛子，把人筛到了应该待的位置。

这个故事讲起来有些心酸：难道"小气鬼"就不可以发财，就不可以做成老板? 当然能，可是相对于那些大方的人来说，成功的机会就会少很多了。

很难想象，一个总是占别人便宜的人会被别人推崇，一个总是看中自己钱袋的人，怎么会做成一个优秀的管理者?

所以，成就别人，才能造就自己！

占小便宜，胸襟格局太小，事业也很难做成功。社会就是一个大熔炉，会把合适的人放在合适的位置上。

作为企业中层管理者，更要求必须具备舍得情怀，懂得把握舍与得的关系和尺度，才能做好管理，促进和谐，推动发展。舍得吃苦，吃苦是福。吃苦能增强意志。除了吃苦学习，还应把吃苦当作磨砺自己的"磨刀石"，当作立业之本。企业管理者在参与决策方面应具有较强的能力，要具备这种能力，就必须多从实践学、多向他人学，同时深入基层调查研究。

管理者还应该有另外一个品质，就是诚实，特别是对上不可以隐瞒，对下不可以糊弄。真诚待人才能收获别人对你的尊敬。

【案例】

很久以前，朝鲜有个国王没有子嗣，要在全国挑选一个孩子来接他的班，于是手下在全国挑选了十几个孩子进宫让国王挑选。

国王没有直接挑选，而是给每个小孩发了一粒种子，告诉大家说："孩子们，我给你们每人发了一粒花的种子，三个月后我要你们带着你们种的鲜花来见我，看哪一个小朋友种得鲜花最漂亮，我就选谁做我的接班人。"

三个月过去了，每个小孩都捧着一个花盆来觐见国王。国王看着小朋友花盆里的鲜花姹紫嫣红皱着眉头，他突然眼见一亮，看到一个小孩垂头丧气手里捧着一个空的花盆，站在队伍中间，便走过去："小朋友，你种的花呢？"

小朋友害羞地说："国王，我把您给我的花籽小心地带回去，小心地种到花盆里，小心地浇水，小心地施肥……可是它就是长不出鲜花，我真的没有办法，只好把空的花盆带过来了。"其他小孩都吃吃地笑他。

谁知国王很大声地宣布："我的接班人就是这个小孩了，我在发给大家花籽的时候，我的花籽是经过开水煮过的，根本不可能长出鲜花，这个小朋友很诚实，我非常信任他！"

人品可靠，是很多老板的选人前提。的确在市场竞争中需要干部们聪明和机灵，但是这些聪明和机灵是不可以用于糊弄高层管理者和下属的。

一个人选择了爱心和诚实，就是选择了幸福。企业也是如此。

有一项调查表明，在 10 年内，就平均利润而言，讲社会责任的企业比不讲社会责任的企业要高出 15%。企业履行社会责任是一项"多赢工程"，有利于企业的发展，而不会影响企业竞争力的提升，企业形象与效益在良性循环中得以提升和增长。企业管理者的先知先行、爱心传递会潜移默化地感染员工。

管理风格没有好坏之分，管理者有不同的风格，有的温文尔雅，有的咄咄逼人，没有对的风格，只要达成目标和绩效，就是好的管理。

许多人认为，管理者不应该谦虚，或者不应该过于谦虚，事实的确如此。

作为中国人，如果不谦虚，别人就会认为我们狂妄自大，就没有人与我们结伴而行。但是我们在管理上，有时需要"不谦虚"，我们还得有，如居高临下、坚持、教导别人，可是在决策未形成以前，我们仍然可以"谦虚"地听取别人的意见，充分了解大家的意见，否则我们会失去好的工作方法，更会失去同伴。即使下达指令，我们仍然应该注意观察事件的进程，观察别人对这件事的态度，采取相适应的方法调整出最好的管理状态。

管理者要时刻向能者学习。中国人往往对细枝末节不太关注，仰望星空的人太多，专注细微的人太少，我们确定方向后，应该更多地想方设法去实现我们的未来目标。这个想方设法就是埋头苦干，就是脚踏实地。

管理者还应明白，在企业里，管理者之间是竞争对手，更是我们的合作伙伴。中国文化讲究地盘，但地盘文化不应用在企业的相互合作上。企业是一个整体，就像人的四肢，每个肢体都不可以随意遗弃。在管理过程中，高层管理者也可能偏爱某个"肢体"，用得多些，我们不能因为用多了就抱怨，这种"用"，也是高层管理者权衡和考量了整体优势，整合而用。

有一个现象，管理者尤其值得关注，就是失败。失败在职场里经常会发生，成功是我们所企及的，可是失败也很常见。失败没有关系，关键是我们面临失败的态度：怨天尤人、捶胸顿足，承受不了失败的结果，也不找失败的原因，更不会找到失败中潜藏的变化和机会，这才是完完全全的失败。

我们在学校读书的时候，成绩好的同学常常会有一本"错题集"，而成绩差的同学往往没有，"错题集"经常拿出来看看，就会规避掉自己经常犯的错误，让自己提高准确率。失败利用得好，其实是财富，我们要善于总结经验，善于在失败中找机会。没有人不会失败，关键是人失败后，同样的失败还会不会再出现，如果没有，说明我们是聪明人，正所谓"人不能两次踏入同一条河流"。找出原因并成功改善，意料之外的失败就能变成情理之中的成功。正是在这些成功和失败的磨炼之中，企业和个人才逐渐变得强大。

管理者要做到向下看，即自己要有一定的高度，才能向下看。向下看就是要到实践中去，实践到一定的时候，必须要总结升华为管理思路和管理理念。他问变自问，他管变自管，把别人的批评不断地转化为自我谨省。管理者向下看，是一种思考反思的状态，也是一种谦虚学习的态度。

谦虚，在中国是有套路和剧本的。下面是我们常见的剧本：

【案例】

（一）我是李总的客人，到李总家里吃饭，李总和妻子两人在厨房里忙忙碌碌，做了一桌子的菜，我马上就会客套："李总，你看，菜太多了，做了满桌的菜，吃不了，快坐下来一起吃！"

主人李总谦虚地说："哎呀，也不知道是不是对您的胃口，我们胡乱弄几个菜，不好吃，你多担待！"

主客互相"吹捧"一番，于是大家宾主尽欢。

可是，如果不按照剧本讲话，你看结果会怎样：

我是李总的客人，到李总家里吃饭，李总和妻子两人在厨房里忙忙碌碌，做了一桌子的菜，我发现菜品虽然多，但是口味不咋地，立即正色道："李总，你看起来尊敬我，但是却没有研究我的吃菜口味，菜的数量不少，真正好吃的没一个！"

李总马上就没有好脸色给我："戴老师，你什么意思?!"

很快李总就会送客，弄得不欢而散。

（二）有个销售员小王，年终拿了大奖，同事多半会奉承他："小王，不错啊，挺能干，我们大家都要向你学习啊！"

小王的台词应该是这样："别别别，我今年正好赶巧了，运气好，正好有两个客户给力，如果是您在我的这个区域，你肯定销售做得比我还多！"

于是，双方心安。如果台词讲错了，你听听：

小王严肃地说："是的呀！我把你们打牌玩乐的时间都用来跑市场，成功是要吃苦的，天道酬勤，我今年拿第一名也是有理由的。"同事马上就明白，这是要"隔离"，远离你而去，说不定还会背后做文章。

风格务实：严谨灵活，导向结果

有一个问题，管理的落脚点是"人"还是"事"？

很多人都说："人，很重要！"

可是企业是卖人际关系的吗？不是。企业卖的是"产品和服务"，只有把"产品和服务"做好了，得到客户认同了，才会有利润。所以管理学之父德鲁克说："管理不论对错，只论绩效。"管人的方法有千万种，结果却是是否实现了"利润"，否则所有的管理都是"奢谈"。

我们说，一个企业的发展来自于事业的完成，管人的目的是为了做事，针对不同的人用不同的方式去管理，目的是把事情做好就对了。所以一个企业要获得良好的发展，除了要设定一个长远的目标，具有高瞻远瞩的眼光之外，还要有务实精神。我们常讲，任何的战略、制度，一定要简洁可行、务实高效。所以，从管理者的视角来看，要重视对自身务实能力的培养，只有这样，才能够脚踏实地一步步带领企业不断创造新的业绩。甚至在我们制定战略时，也应该秉持务实的精神，或许有人认为企业战略这东西是不应该经常变动的，变化太快总是不好，但是从务实的角度来讲，我们认为适时地调整战略，才是务实的表现。

【案例】

我家造房子，建房工地上，一个泥瓦匠师父吩咐小瓦匠砌墙，交代完就走了。过了一会儿，瓦匠师父回来了，发现小瓦匠根本没有把他的叮嘱记住，心生怒火，飞起一脚就踢了小瓦匠的屁股，小瓦匠从地上爬起来的时候两眼满含着眼泪。

我正好看到了，对瓦匠师父的粗暴管理方法不以为然，心想要治一治瓦匠师傅，于是就过来联合小瓦匠："小师傅，你师父太不像话了，怎么可以这样对你呢！"

我本来想勾起小瓦匠的不满，去"说道"师父，可是小瓦匠把两只眼睛里的眼泪一擦，很正色地给我说："戴老师，不能怪他，我已经好多次都这样错了，是我的不对。"

我奇怪地看看他，他接着往下说："其实师父对我蛮好的，他是恨铁不成钢！"

我愣住了。

老瓦匠这一脚没有踢出小瓦匠对师父的恨，反而踢出了师父的爱。你觉得这一脚踢错了吗？没有。

这就是管理的务实精神。我们不是说暴力管理一定是对的，而是说管理重在结果，没有对错。管理的手段可以多种多样，管理的结果需要达成目的，不管是"循循善诱、潺潺流水"般的"润物细无声"，还是"霹雳手段、豪放不羁"，只要结果达成，没有坏的后果产生，都是好的管理，所以，管理是一门艺术。

结果导向是管理的核心思想之一。即强调管理工作的每一个动作、每一个步骤都要符合结果的要求，否则没有价值和意义。

严谨就是认真，慎重，不放过任何细节。作为管理者时刻指导每个工位上的员工精心操作，时刻督查目标的达成。如果没有严谨的工作态度，心浮气躁、丢三落四，势必就很难达成目标，也给公司管理和经济带来不必要的损失。随着社会分工的越来越细和专业化程度越来越高，一个要求精细化管理的时代已经到来。

管理工作的结果导向实际上就是一切以数字说话、以绩效说话。因此，管理者在日常工作中要时刻提醒自己："我要达成什么目标？"并思考："为什么没有达成目标？"这样，我们的行动才会有效并得到持续改进。但很多管理者并不能时常自问这两个问题。因而，管理工作就缺少统筹的方法、创新的思维。向上级汇报工作时总是强调做了好多事、加了许多班、吃了诸多苦、做了很多努力。但是，落在报表上的数字并不理想。这是因为我们的工作没有注重结果导向的指引。

【案例】

在一座寺庙内，有一个小和尚担任撞钟一职，天天做同样的事情，非常没有创造性，半年下来小和尚觉得无聊至极，"做一天和尚撞一天钟"。

结果有一天住持宣布调他到后院劈柴挑水，原因是他不能担任撞钟一职。

小和尚不服气就去质问住持："难道我撞出的钟声不准时吗？"住持答道："你撞出的钟很准时。"

小和尚又问："难道我撞出的钟声不响亮吗？"住持又答道："你撞出的钟声很响亮。"

小和尚不解地又问："为什么不能让我担任撞钟的角色呢？"

住持耐心地说："你撞的钟虽然很准时，很响亮，但钟声没有韵律，不曾用心，很空泛、疲软、没有感召力。"

住持顿了一下，继续说："钟声是要唤醒沉迷的众生，因此你撞出的钟声不但要响亮，而且要撞出韵律，撞出浑厚，撞出悠长。而这些，都需要你用心去体会和觉察。"

很多中层管理者在工作中，只是跟着习惯走，昨天怎么干，今天还怎么干，也不去思考怎样可以干得更好，怎样可以让客户和相关方更满意。

因此，在管理的结果导向中，完成过程并不代表完全达到结果的要求。管理者要真正体现自己的价值，就不应拘泥于一时的成功和失败；要持之以恒、耐得住寂寞、受得住委屈；要在管理过程中不断学习、调整、积累、创新、成长；要历练自己，做一个有心得、有主见、有定力的管理者，将管理工作做到极致。

第四节　中层管理者也有高下

没有中层执行力就没有竞争力

所谓执行力，指的是贯彻战略意图，完成预定目标的操作能力。它是企业竞争力的核心，是把企业战略、规划转化成为具体战术和战果的关键。作为企业中层管理者，必须要拥有高效的执行力，及时、高效地执行企业战略及高层指令。除此之外，还要充分调动基层员工的积极性，在全体员工中打造一流的企业执行力。一个执行力强的企业，必然有一支高素质的员工队伍，而具有高素质员工队伍的企业，必定是充满希望的企业。

上市公司江苏联瑞李晓冬董事长有一个观点就是："一个企业的成功，5%在战略，95%在执行。"这话或许有一定的片面性，但我们回顾一下中国乃至世界的企业，有多少企业真是因为战略而失败的更多的是由于执行力不够，企业管理基础不牢而失败的。

江苏联瑞是个名不见经传的小公司，但是现在的联瑞在行业内部却成了首屈一指的、发展速度最快的、规模最大的、现场管理最佳的企业，许多外资企业的客户纷至沓来。究其原因，就是"不放过任何细节"。联瑞的管理强调"每个一"，写好每一个流程——踏入现场仔细观察，对结果验证；执行好每一个流程——人人培训，考评合格，过程检查；放好每一个物料——定置管理，有物必有位，有位必归位；接待好每一个客户——真诚用心，细致入微，关注感受……联瑞的成功，很大程度上是靠扎实的基础管理。

执行力严重低下正在成为吞噬众多企业的巨大黑洞：计划落实不到具体

行动上，执行任务拖沓，缺乏紧迫感，实施过程中敷衍了事，草率应付，执行力的高下决定竞争力的强弱，直接影响到企业的生存与发展。执行力是企业组织和个人贯彻落实企业决策的力度。企业的战略与计划固然重要，而只有执行力才能使之体现出实质的价值，只有执行力才能将这些落到实处，并进行有效的联系和整合，这些才是竞争中取胜的根本保证。在缺乏执行力的情况下，企业拥有的优势难以贯彻，这样就失去了企业长久生存和成功的必要条件，同时也可以说，没有执行力，就没有核心竞争力。

中层管理者的等级划分

一般管理者：以自我为中心，与高层管理者讨价还价，严苛对待下属。一方面很多中层管理者很少能够清楚地知道自己的位置，会常常从自己的主观意识出发，公司很多想法、目标、创新的东西一到中层管理者那儿就会做出很多有意无意的打折行为。很多中层管理者都有雇佣思想，"拿人钱财，替人消灾"，没有把企业看成是自己的。同时，怎么有利于自己，就怎么传递上面的信息，而不是从公司整体发展和老板的思路出发，甚至经常会变着花样跟老板诉苦，跟高层管理者讨价还价，很多事情归罪于老板、归结于企业、归结于市场、归结于下属、归结于其他部门等。而另一方面对待下属也不合情理地严格苛刻，认为下属现在能力比较差，公司管理跟不上，所以有些事情自己也没有办法。这就是一般的管理者，这样的管理者当然不会对公司有什么价值。

优秀管理者：以当事者双方为参照，服从高层管理者，体谅下属的难处。优秀的管理者会深入理解高层管理者的想法，弄明白为什么工作要这么开展，也会主动想到下属去执行的时候可能遇到什么问题，提前就做出预备方案，能够体谅下属的难处，设身处地为基层考虑如何正确合理地落实工作。在与旁部门沟通时，会站在对方的立场上换位思考，当别的部门出现配合问题的时候，不推诿，不扯皮，想办法纠正可能出现的不良后果。

卓越管理者：以整体利益为中心，为高层管理者补位，帮助成就下属。最好的管理者，他不仅能想到老板的目标为什么这么定，还能从公司大局的层面上考虑有没有更好的方案，做正确的决定，分析公司领导层的战略意图和方向，分清工作任务的重点和难点。按照流程和程序来做事，做好人员分工、资源调配、过程控制和监督。执行中不讲如果，只讲结果，以结果为导向，优化过程，全程把控。如果说，换位思考还是两个人之间的谦让，卓越管理就是站在更高立场上去实现总体目标和战略，是一个老板的思维。不仅在空间上站得高，而且在时间上也会有提前量，提前布局，提前准备，未雨绸缪，把风险控制到最小。

【案例】

我有一个咨询客户。

有一天，老板找到我："戴老师，有两个车间主任，你要帮我修理一下他们！"

我问："为什么？"

他接着跟我讲了昨天刚刚发生的故事：

有个新产品拿回来试制，技术部门已经出了图纸，由金工车间生产零部件，装配车间进行总装。这个新产品由于还处于试验阶段，所以有些管理流程还没有建立。金工车间已经把零部件生产好了，金工车间主任就打电话给装配车间："装配车间，零部件已经生产好了，过来拉过去装配吧！"

装配车间主任接到电话后，不知道哪里来的一股邪劲："为什么要我过来拉，你送过来！"

金工车间主任不肯送，装配车间主任就不肯拉，两人为此杠上了。事情被耽误在这儿。

两位车间主任都知道事情被耽误的严重性，两人走到一起，商量来商量去，终于找到一个解决办法：找一个公证人评评理。两人找来找去竟然没有找到一个大家都认可的公证人，找谁呢？想来先去，还是老板最公正。

两人找到老板，老板听了他们的诉说以后，肺都气炸了。老板准备斥责他们，想用世界上最刻薄的词来损他们以解气，可是一下子竟找不到可以解恨的词，所以，压住心中的怒火，佯装很平静地对他们说："你们两个都下去吧，过半个小时我来拉！"

两人一听情况不对，老板怎么可能去拉，肯定生气了，下去后很快就处理好了这个事情。

可是老板的气还没有消，对我说："你是管理顾问，你讲话不带脏字，道理讲得清，骂人又很疼，你帮我去批评他们吧。"

我接受任务以后，找来他俩，结果他们异口同声地对我说："戴老师，千万不能拉这第一次，拉了这一次，以后会形成惯例。"

一听就知道，两个人都是典型的"一般管理者"。

优秀的管理者遇到这个情况会主动往前一步走，你不做，我来，绝不会让这个事情耽误结果。

卓越的管理者更是从全局考虑，他主动去拉或送，做完了还会把对方请过来讨论，从流程角度看谁做更合适，让同样的错误以后再也不会发生。

一个中层管理者想要得到别人的尊重，一定是自己有专业能力，同时还具备吃苦精神，具备全局观，具备"我不下地狱，谁下地狱"的豪情壮志，敢于承担，才有可能得到别人的尊敬，才会得到高层管理者的器重和培养，未来才有发展空间。

培养中层管理者需要高层的重视

企业中层管理者处于金字塔中层，其职能定位是承上启下，把企业高层的战略要求转化为具体战术，同时指挥基层管理者去实现战略的过程。高层管理者决定了企业的现行政策以及发展战略和方向，中层管理把企业战略转化为具体战术的过程是十分关键的，毕竟战略的实现是离不开战术支持的。所以，培养卓越的企业中层管理者对企业战略的实现是十分有必要的。

企业打造卓越中层管理者的关键就是高层管理者必须要将企业发展的长期、短期战略目标传达给中层管理者，让每一个中层管理者了解企业的发展目标，从而分解、转化出与自己所在部门的具体战术，这样才能促进企业战略目标的达成。然而，在我国目前大多数中小企业中，高层管理者并未做到这一点，甚至自身都没有系统地把握住企业战略，这就像一艘没有指南针的小船航行在大海上，毫无方向、漫无目的，最终只能葬身大海，这也是我国大部分中小企业寿命不长的主要原因。

卓越的中层管理者更多地关注员工的潜能开发，鼓励和帮助下属取得成功。安排各种培训和辅导以提高下属的能力，帮助下属成长。

江苏安凯特电化学设备公司是一家成立仅十年的公司，其发展速度之快、发展步伐之稳健，在业内被称为奇迹，目前是行业内民营企业领军企业。安凯特徐文新董事长认为："如果对下属的指示太过细致，往往会失去下属的智慧，让下属缩手缩脚，畏首畏尾。对中层干部的任务布置一般只要把结果要求详细说明就可以了，如果连同完成任务的方法也指导得很详细，不但谈不上效率，更谈不上培养人才，有时还会给下属逃避责任找到借口。对训练中层干部方面，最重要的是引导被训练者反复思考，由他自己亲自制定计划策略并付诸实行。只有独立自主，才能独当一面。"

【案例】

张总对下属要求一向比较严格。有一次招标，他吩咐小李去投标，投标书已经填好，不准做任何的修改，小李只要在规定的时间把标书投进去就可以了。小李在现场投标时发现，竞争对手的阵容非常庞大，连老板都来参加了，经过打听才知道，本次投标是一个大项目的分拆的首标，如果本次投标成功，后面的工程会首选中头标的供应商，原来小李他们公司不知道有这样的情况。

小李立即打电话请示张总，张总不接电话，多方了解，才确认张总在飞机上。时间一分一秒过去，截止投标的时间到了，小李不敢贸然改标书上的价格，也没有谁敢做主改了张总已经确认的标书价格，改成多少当然也不能确定，只好把已经填好的标书投进去，最后没有中标。

如果张总给予小李一些见机行事的权力，可以根据现场的情况做调整，也许这个标的就能够中了，以后的连续性订单也许就有了。

打造卓越的中层管理者，不仅需要自身的努力，也需要公司高层的大力支持（战略的贯宣、合理的授权），还需要人力资源部门积极搭建中层管理者胜任能力的训练平台。当然，中层管理者自主提高知识、技能及管理能力是基础，只有这样才能促使企业实现打造卓越中层管理者的目的。

第二章　职能定位：我做什么

第一节　目标如何转换为任务

任务从哪里来

企业中层的任务，是从高层的战略目标而来。作为优秀的中层管理人员不是简单的上传下达的"传声筒"。接受任务时，首先要"听清楚"，要提高对领导决策的领悟能力，要清楚决策的目标、目的和意义，从而正确把握做事的方向。

安排任务时，要"讲清楚"，传达上级精神、布置工作任务要准确、全面，不留疑点，要结合实际分析问题和难点，有针对性地确定工作思路和方法，为下属解决好后顾之忧。阶段性的工作还要审视工作的连贯性和连续性，做到承前启后；出现问题，要学会举一反三。

中层管理者作为一个部门的领导，对于业务流程的熟悉程度，对于专业知识的掌握程度，决定了他们在下属中的表率作用和工作权威。

民营企业家、江阴友利特智能家居的钦建华常常对他的干部说："一个干部应该具备三种权力：一是专长权，即业务部门拥有的专门知识和特殊技能，俗话叫'能别人所不能'；二是影响权，即来自于追随者认可的由个人经历、性格魅力或榜样产生的力量，就是得有人愿意跟着你干；三是制度权，即领导者担任的管理岗位所赋予的管理制度权力，来自于上级的授权或内部分工，即管人、管事的权力。优秀的中层干部应均衡拥有这三种权力，运用好这三种权力。三有其二尚可，切不可只关注了制度权，而忽视了专长权和影响权。"

中层管理者的任务是将抽象或者宏观的目标转化为具体的行动，使团队成员既有意愿也有能力去实现目标。这就要求中层管理者必须要有清晰的思路、严谨的计划、坚强的领导力和坚韧的毅力。

中层管理者首先要建立的是团队的组织纪律性，"组织"是由"流程"串接起来，是由"纪律"粘接在一起的机构，所谓"没有规矩不成方圆"，没有制度和纪律约束的团队，即便成员各个优秀，但团队却很容易形成一盘散沙。中层管理者必须要能够坚持原则，秉公执纪，正确的始终贯彻，错误的坚决反对。

中层管理者要有强烈的责任感，处处能以身作则，说到做到。要充分发挥好培训体系的作用，对员工起到培训和辅导作用，包括技能培训、制度培训、职业道德培训。

中层管理者要有行为塑造、团队建设的思考和规划，不能一味地埋怨下属素质低、不作为，而忽视了管理者对于团队建设的决定性作用。中层管理者还要有推进细节管理的能力，做一个"紧盯细节的完美主义者"，能做到对所负责工作的"持续纠偏"。

中层管理者要建立团队的主人翁意识，对工作自动自发，全力以赴。

目标转换过程中的关键点

绩效目标的制定和转换必须是从上往下逐级进行的。首先是战略目标的制定，然后将公司战略目标分解到部门，再分解到个人。但是，在实际过程中，有些企业却是由员工制定绩效考核指标，再报到领导进行审核。这样，员工往往从自身的角度去考虑如何制定绩效考核指标，而不会站到整个企业的角度去规划自己的工作。特别是在绩效与薪酬、晋升等对接的情况下，员工也可能会处于自身利益的考虑而设置一些并不合理的考核指标，对企业整体绩效的提升也难以起到促进作用。

绩效考核指标的制定需要各部门的积极参与和配合。实际的操作过程中，往往各级职能部门会把绩效指标的设计任务全部归于人力资源部，认为自己只是最后绩效管理的执行者。其实这样的想法是不对的，没有各部门的实际支持，任何绩效指标的设计都会沦为应付性的工作。

在目标制定时，让下属参与目标的讨论也是非常必要的，如果把下属屏蔽在外，由高层管理者直接下达指标，往往下属排斥情绪会很大，导致目标难以被下属接受。所以制定绩效目标的过程中，沟通环节非常重要。在分解和制定绩效目标时，领导与下属一定要进行充分的沟通，让下属认同个人的绩效目标，让其明白设置具体绩效目标的作用所在，明白如何开展工作和改进工作，如果绩效指标属于"单向指定"的情况，增大了推行阻力不说，也并不一定能起到绩效考核真正的作用。

此外，双方沟通时，不应该只限于指标该怎么定、标准该怎么定的问题，也应该就如何改进工作、如何提升绩效等进行沟通和协调。同时，领导在工作过程中要与下属不断沟通、不断辅导与帮助下属，以保证目标达成的一致性，这比考核本身更重要。

绩效目标不是一成不变的，需要根据实际情况进行调整。部门、个人的绩效指标和目标的设定都必须能支撑企业战略目标的达成，而市场环境、技术发展等因素也必将影响企业的发展和管理，这就要求绩效管理体系也随之进行调整，避免出现个人绩效很高，而整体绩效却不尽如人意的情况。

围绕企业总目标设定部门任务

在设定企业目标的过程中，一旦总目标确定后，最高管理层便应先向各部门的经理公布、共同商讨，使他们对总目标有充分的认识。然后，各部门经理根据总目标定出合理、有效的部门任务，以确保总目标的顺利达成。

通常，企业里的部门可以划分为业务部门、支持部门和后勤部门。鉴于此，部门目标也可以相应地划分为业务部门的目标、支持部门的目标和后勤部门的目标。以生产性企业为例，业务部门为销售部、生产部、物流部、采购部等，企划部、办公室都属于后勤部门。之所以这样区分，是因为一般情况下，业务部门目标的设定先于支持部门和后勤部门。如此，将有利于总目标的达成。

部门目标在下达后，部门需召开相应的目标分解会议，让下属参与讨论，使部门内人员达成共识。首先由部门经理（主管）向下属公示部门目标，并展开讨论，说明本部门现状的分析结果，与下属一起找到完成部门目标的方法和路径。

分析的内容可以包括：过去的存量绩效，需要的增量绩效，这些绩效从哪里取得，如何取得，维护原有存量绩效需要花费多少资源，采取什么方法去维护存量。

分析内容还可以包括：过去的管理存在的问题，原因是什么，未来应该采取什么措施，需要新增哪些资源。

当分析内容达成上下一致时，这个目标就是"共同目标"，每个部属都按照会议分析的内容和方法去实施。

值得注意的是，在讨论的过程中，主管要发挥其领导力，对于下属的反驳、意见的提出，应予充分承认，同时要激发下属的思考力，并提供信息，使下属容易判断讨论重点。这样，下属就会产生目标设定的参与感，主动性、积极性会得到加强。

第二节　中层怎么做才是对的

严谨细致的工作态度

我们常说细节决定成败，很多事都有可能"差之毫厘，谬以千里"。因此，中层管理者必须强化注重细节的意识，主动深入实际、深入一线去解决具体问题，抓好所谓的"小事"，做到严谨、细致、不马虎。

对一切事情都有认真、负责的态度，事事认真对待，有一是一，有二是二，讲实话、办实事、出实招。从小事抓起，从点滴抓起，办好每一件小事，走好每一个步骤，不心浮气躁，不好高骛远。

工作来不得半点疏忽，要"举轻若重"，处处留心、时时细心、事事尽心，确保各项工作零搁置、零积压、零失误。要精心谋划，认真研究做好各项工作的方法、步骤，明确每个阶段抓什么、怎么抓、达到什么目标，并且一抓到底，行之有效地解决问题。

对于工作，要经常督促，定期检查，长期坚持工作"回头看"，工作及时处理。树立常态化、规范化、细微处着手的工作理念，不放松要求，坚决按制度办事，减少管理漏洞的出现。

对一些责任分工不明确或易忽视的常规工作进行梳理，从源头上找问题、从管理上找责任，确保不因管理疏忽引发管理隐患。文明经营是一种良好习惯的养成教育，各部门要高度重视文明工作，从"点滴小事"着眼，从基础工作抓起，引导公司员工养成良好的文明行为规范。

有责任心和执行力的职业素养

工作责任心强是前提。习近平曾指出："看一个领导干部，很重要的是看有没有责任感，有没有担当精神。"

有了高度的责任心，就不会敷衍塞责、推卸责任，而会积极、主动地想办法解决问题、干工作。

有了高度的责任心，就不会畏畏缩缩、遇见困难绕着走，而会不惧困难、勇于担当、攻坚克难。

有了高度的责任心，就不会想着"做一天和尚撞一天钟"，满足于"混日子""差不多就行"，而会创先争优、力争一流。

有了高度的责任心，遇到问题就不会习惯于解释客观原因，而会主动担责、主动从主观上找不足。中层管理者身处企业关键岗位，肩负上级组织和员工重托，责任重、压力大，必须切实强化工作责任心，"担当起该担当的责任"，面对困难敢"站得出来"，面对挑战敢"冲得出去"，面对压力敢"扛得下来"，尽职尽责、忠于职守，一心扑在工作上。

江苏安凯特公司徐文新董事长说："履好职必须具备工作热情和责任心，就要不断提高工作素质能力，通过对照比较岗位工作标准，看看自己要做哪些事、能做哪些事、做了哪些事、是不是做好了、能不能适应工作的压力，从而发现自身不足，不断学习提高如何做好一个中层管理者。"

"要做就做最好"，在工作岗位上，要充分发挥自己的特长和优势，把普通的事情做好做出色，干出成绩。要细心研究、仔细感悟公司工作思路转变和会议精神要求，及时转变观念、调整心态，抓好落实。

江苏联瑞新材料公司李晓冬说：执行力是工作的关键，公司的中层管理者只能用三句话回复高层管理者——"是，保证完成任务！""不是，原因是……""请给我时间，我详细了解后向你报告！"绝不可以说"估计、大概、可能、也许……"这样妄自猜测的内容，应该实地调查，潜心研究，实事求是。正是李总严格要求，公司培养出了很多胜任岗位的高素质人才。"拒绝模糊"就是不用任何语言来为自己向高层管理者开脱责任。一名优秀的中层管理者要做到能干事、愿干事、干成事。

企业的很多工作不是一个人就能够完成的，需要团队成员分工协作、齐心协力去推动。因此，必须强调团队奉献精神和大局观，对企业必须忠诚，"多吃点苦，少点杂念"，认认真真做好自己手头的每一项工作。

务实高效的工作作风

中层管理者吃得苦、不畏难、碰得硬、管得严，时刻以高标准严格要求自己。

遇到问题，不当有矛盾就"和稀泥"的"老好人"，要不怕得罪人，要敢动真格、敢用真招，要敢抓敢管、动真碰硬。管理上不可避免会出现"碰红线""踩底线"的员工，有时候这些员工甚至还与管理者"沾亲带故"，有些干部会睁一只眼，闭一只眼，该处罚的不处罚，该批评的一带而过，下属马上还会冲着我们露出"笑脸"，"感激"领导放他一马，可是这种"好人"做下去的后果非常严重。

第一，由于该处理的没有处理，当事人会认为这个事情无所谓，后面对这个制度的敬畏心也会丧失，再犯错的概率加大。

第二，对其他员工不会有震慑和教育作用，其他员工对这个事情也不会有戒心。

第三，一些曾经受过处罚的员工认为你是一个不够公正的干部，公信力会下降，在以后的管理中会失去威信。

第四，失去高层管理者的信任。

所以，动真碰硬是为管理者以后管理做铺垫，千万不要认为做"老好人"是让自己有人缘、有情义。

面对困难和挑战，不能畏手畏脚、绕道而行，而要迎难而上、攻克难关。困难总是伴随着管理的切实推行而来的，多数人有个习惯：遇到困难绕着走。虽然"绕"有时也能解决问题，可是却有一个非常大的坏处：问题被掩盖。这个掩盖会导致这个问题发生的环境依然存在，这个问题还会反复出现。

【案例】

某公司生产化工产品，一批货发给客户，由于某项指标不合格，出现了客户投诉。

销售员将问题反馈给生产部，要求生产部拿出解决办法。生产部对生产追溯后，发现由于记录不全，无法溯源。对该产品的指标也进行了分析，也没有办法后续调整合格，就回复销售："原因不明，待查，请销售部用商务方法解决。"

销售员接此信息后，只得跟客户商量降价，于是问题解决。可是，问题真的解决了吗？没有，生产的问题依然存在，如果不采取任何措施，以后这个问题还会发生。果不其然，同样的产品指标问题在以后的过程中又多次出现。

在企业管理过程中，"自己生病，让别人吃药"的事情经常发生。生产过程出问题了，由销售用商务的方法解决；设备出问题了，让员工用"补救方法"去操作；干部分配任务出问题了，批评员工工作不敬业……

安全是每个企业不可小视的问题，国家对安全管理越来越重视。抓安全管理更需要企业有严谨扎实、务实高效的工作作风。

安全管理有安全管理的规律，重点要做的是防患于未然，在平时要狠抓安全管理责任体系的落实，更要抓安全危险源、污染源、困难源、故障源、缺陷源、浪费源的查找和控制，不断地培养员工的安全意识，培训员工的安全操作技能。狠抓落实、务求实效，要力戒空谈、反对形式主义，从大处着眼、小处着手，认准目标就干。

要以"钉钉子"的精神，以"抓铁有痕、踏石留印"的劲头，认真抓好工作落实；要深入一线、深入现场，掌握第一手资料，开展执行过程的跟踪与管控，做到全程抓落实；要及时督促，及时发现执行偏差并进行纠正。中层管理者不能认为工作安排下去了就是落实到位了，要经常深入现场、深入一线，检查督促工作，实现管理闭环。

要做到工作效率高、工作成效好。工作要雷厉风行，善于快速地在工作中找准"主攻点"，牵住"牛鼻子"，将目标任务层层分解，使人人肩上有担子，项项工作有着落。这样，我们的工作效率才会越来越高、工作成效才会越来越好，各项工作才能稳步有效推进，各项任务目标才能确保实现。

第三节　中层管理三大原则

高层管理者永远是对的

作为一名中层，最悲哀的莫过于和高层领导的关系搞得很糟，总觉得高层管理者不对，自己才是对的："有时候事实都证明了，如果高层管理者听我的，结果就会不一样，可是高层管理者依然我行我素，根本不把我放在眼里，真的很窝心，也很委屈。"

高层管理者不可能永远都对，我们为什么又说"高层管理者永远都是对的"呢？

【案例】

一支部队出去野营训练，连长下达命令："趴下！"

士兵悠闲地看看蓝天，看看前面，跟连长说："连长，命令下错了，天上又没有飞机，前面又没有机枪，为什么要趴下，不要趴！"

大家说，这样的部队有战斗力吗？当然没有！

一个组织，需要一个统一的指挥系统，这个指挥系统还需要有权威性，如果失去这种权威性，组织就一盘散沙。

问题是有的中层管理者认为："我的正确意见在他下命令前就提供给他，他为何不采纳？"

有这样的一些原因会出现让你不了解的情况：

第一，你和高层管理者站的高度不一样，高层管理者看到了事物的全貌，而你仅看到事物的局部，在你看来是对的内容，在高层管理者那儿看起来是错的。

第二，你和高层管理者要解决的问题不一样，你觉得领导应该是解决这个问题，可是领导解决的是另外一个问题，或者一石多鸟，几个问题一起解决，你觉得他的方法既笨拙又复杂，没有你的方法干脆有效。

第三，你和高层管理者没有对榫，相互沟通不足，任何事情都没有对错区别，只是谁更有利或更有弊，利弊之分和对错不同，利弊之分可能出现短期利大（小）、长期利小（大）的情况，高层管理者看中短期（长期）利益，而你正好看中了长期（短期）利益。

【案例】

有家服装企业的总经理托人找到我，要求我对他的企业进行基层干部系列培训。

我做完课前调研以后发现：这个公司虽然存在基层干部管理的问题，但是他们高层管理的问题更大。这个公司的股东有三个人：董事长兼总经理是公司大股东，他的祖籍正是公司所在地，地方上的人际关系比较熟，管理公司的全局，就是他委托我来进行培训的；销售副总也是股东，是英国籍华侨，产品由他推销到欧洲市场，有客户的优势，销售形势很好，但是公司回款情况不理想，公司运营遇到资金链短缺的问题；生产总监是中国台湾人，公司的原料采购也由他供应，很多原料都是预付款，让本来就资金链短缺的公司雪上加霜。

我对老板的建议是：①公司股权结构治理；②公司管理流程梳理。下一步才能做基层员工培训。

可是董事长坚持己见，不肯接受我的意见，我秉持所谓的"专业性"，也坚持自己的意见。可是，当董事长与我做了一次深夜长谈后，我彻底服了董事长的意见。

原来这家公司成立之初，就是整合了三个人的优势：中国大陆廉价的劳动力；英国能够引领欧洲市场新风尚，由此可以俯瞰全世界；中国台湾人的管理优势和性价比高的原料市场。成立之初，发展速度很快，公司迅速做起来了，规模越来越大，可是中国人有句俗话："一个和尚挑水吃，两个和尚抬水吃，三个和尚没水吃。"企业发展到一定阶段时，需要大家梳理目标再出发，可是当时股权设立时虽然有大小之分，但是都没有绝对的控股权，谁都说了不算，相互不认同对方的经营方式，各存私心，就这样耗着。

董事长非常着急，可是又没有办法，基层优秀的管理人才人心浮动，有很多外面的公司来挖他们，有些已经离职。如果不采取措施，基层会离职更多，董事长想通过培训来拢住人心，避免更大的流失。

我说："根本的问题不解决，即使做培训也留不了多久啊！"

董事长问："你觉得你来帮我做股权结构的治理，能够成功吗？"

我想了想，说："失败的概率很大。"

董事长又问："如果你来做了一些工作，有可能会延缓这个公司的死亡，但是这个公司依旧会死。你认为呢？"

我说："是的！"

董事长一边踱步一边坚定地说："我现在的任务不是让公司活得更好，而是加速公司的死亡，我也正在这么做！"

我很奇怪地看着他，董事长转向我："公司活着，我收购它花费的钱多，还是让它倒闭后，我花费的钱多？"

我恍然大悟："原来这个公司是不能救的，救了，会半死不活，您会很难得到它！但是公司倒闭了，他们两个谁也不敢在董事长您的地盘上收购它，只有董事长您能够收拾破河山，从头再来！"

我越来越清楚董事长为何要培训，仅仅是留住人才的一个权宜之计，让基层干部看到公司"好像"已经在行动，大家便安下心来。

老板这个时候有两副面孔，一副对待股东们：公司已经不行了，大家散了吧。一副对待员工和干部：公司未来有希望，大家留着吧。

生活永远比舞台上的戏剧更精彩，你看到的，有可能只是别人想让你看到的，真相永远隐藏在里面，也许一直不会被发现。

认同高层管理者，执行高层管理者的决定。作为下属，我们要学会认同自己的高层管理者，努力把握和清楚高层有什么样的想法和追求。然后，全身心地支持和帮助高层管理者实现他们的期望和目标。我们要清楚作为中层与高层所处的位置不一样，掌握的信息和承担的责任就不一样。在很多情况下，高层管理者的想法要比我们想的更加长远、更加全面。我们在没有完全了解高层管理者真实意图的情况下就质疑高层管理者的想法，甚至公开抵制高层管理者的决定是非常愚蠢和不明智的。

关键的问题是，最后拍板决策的人是高层管理者而不是下属。正如江苏联瑞的李总经常对他的干部们讲的："我是最后拿主意的人，我决定什么是最好的办法。讨论之前听你的，决策之后听我的！"

不管你的主意在你看来是多么地好，这是你的"下级地位"所决定的。认同高层管理者，执行高层管理者的决定，这是做下属应当考虑的首要选择。孔子的学生子游说："事君数，斯辱矣。"经常质疑、拖延或改变高层管理者的决定会引起他们的反感，容易自取其辱。除非你有信心和能力改变高层管理者的决定，否则，就不要轻易地这样做。

高层管理者永远是对的！这句话是我们的行动准则。

高层管理者怎么可能都是对的呢，不可能啊，可是在管理方面就应该这么认为！因为高层管理者承担最终的结果，所以我们一定要遵循这个原则。

有一些人在职场里散发着这样的奇谈怪论：

"我这个人从来只服从真理，不服从权贵，官大一级不能压死人。"

"当领导出现错误时我就跟他做针锋相对的斗争，一直斗争到他服从为止。"

"所以我这人不受高层管理者待见，高层管理者不喜欢我。我虽然不受到重视，但是我做到了坚持正确，反对错误；坚持主见，反对盲从。"

"李白不是讲过一句话吗？'安能摧眉折腰事权贵，让我不得开心颜'，虽然我在职场里面不受重视，但是我的心安，因为我不随波逐流！"

"你们要升官，你们唯唯诺诺，你们去拍马屁吧，我不愿，我要做一个清清白白的人，做一个顶天立地男子汉！"

看到这样振振有词的表白者，我们是不是油然而生一种敬意？是不是在心里面佩服这样的人？心里想，对于这样的人，我们做不到他们的正直、坚韧、真实，但是我们要向他们学习。

但是，其实这样的人是不值得尊敬的，连职场的基本伦理都不懂。对于高层管理者而言：你既接受了我的委托，就应该延伸我的管理要求，不然，你凭什么做我的中层管理者？要么你不接受我的委托，要么请你根据职场的伦理做事，凭什么你愿意接受我的委托，而又跟我对着干，没道理嘛！

上述这类人在我们身边说着这样似是而非的话，我们猛一听还觉得有道理，还对他充满了尊敬，通过以上分析，以后再遇到类似这样大放厥词的人，请你无视他，他根本不是正人君子，打着"正直"的旗号，做着"任性"的勾当。

在这里，不是高层管理者真的都是对的，而是因为高层管理者对结果承担责任，我们受人之托，忠人之事，我们要这么认为。

当然，高层管理者要求我们做违反原则的事情我们也是可以坚持己见的，这里说的"高层管理者永远都是对的"，主要是在管理上所采用的不同策略和不同的路径，各人见解不同，可能利弊不同，我们在发现与高层管理者之间存在认识分歧之后，有义务纠正或补位高层管理者，可是当高层管理者不接受时，我们完全应该遵从高层管理者才对。

主动与高层管理者沟通

尊重领导不是说完全放弃积极影响高层管理者的想法和决定。高层管理者的决定应当无条件地执行，这只是问题的一个方面。当高层管理者的决定存在明显错误的时候，我们可以在执行决定之前，也可以在执行决定的过程中，学会让高层管理者改变原有的想法，接受我们的建议。

当然，前提条件是你要有好的想法和建议。需要强调的是，影响和改变高层管理者的决定并不是一个可以反复使用的选择。当高层管理者非常坚定地、明确地告诉你：按我的要求办！那么你别无选择，就按照高层管理者的要求去执行。

有些高层管理者的工作风格比较含蓄，说话时往往不将自己的意图说得那么明显，不把话说满、点透，这时候就需要我们多一点心思，仔细去领会话语中的潜台词，从而做出自己的判断，这样才有可能同高层管理者达到某种默契。

沟通包含了两个或两个以上的主体，发出沟通的乙方往往对要表达的内容进行"编码"，模拟对方的理解程度和语言，先对内容进行了编辑，然后还需要找一个合适的渠道跟对方交流，接收方对接受的内容再行"解码"，整个沟通过程才算完成。

通过以上分析，我们可以做出这样的判断：

第一，主动沟通的一方，一定是有内容表达的一方。我们在职场里面，基层出现了异常或者按计划完成了目标，这样就是下属"先有"内容，所以，我们应该主动沟通。

第二，受人之托，忠人之事。就像我们的客户提出要求时，我们就应该按照客户的要求做事，当出现阶段结果时，我们应该主动去告知对方。高层管理者其实也是我们的客户，他们采购我们的劳动，采购我们所做的工作，所以，我们应该主动报告。

第三，沟通需要达成共识，不然沟通便是无效沟通。不管我们出于何种目的需要与对方进行沟通，我们总想说明道理，讲清事实，表达情感，如果讲不明白，对方理解出现了歧义，这是我们自己的责任。

【案例】

小张和我是好朋友。小张请我帮他去新华书店选购关于"管理"方面的书籍。

我到了新华书店，结果发现这个新华书店的书都不太入眼，我当场就打电话给小张："小张啊，这个新华书店的关于管理方面的书我一本都看不中，你看是随便弄一本呢，还是换购其他的书？"

小张在电话里说："那你看看有没有关于沟通方面的书？"

我仔细研究了一下，发现沟通方面的书也比较平庸，我又打电话："小张，沟通方面的书也不怎么样。你看……"

小张说："哎呀，麻烦戴老师了，如果没有管理，也没有沟通方面的书，那您就回来吧！"

请大家记住：主动与高层管理者沟通。既然我们接受了高层管理者的委托，就应该把下面的情况及时准确地反馈给高层管理者，在实际职场里，有很多干部打着"正直"的名义，不愿，也不屑与高层管理者沟通，他们经常有这样的说辞："我这个人比较正直，不大愿意主动往领导办公室跑，主动往领导办公室跑的人都是马屁精，那么多人向他汇报，还少我一个啊？领导不问，我才不去说呢。我这样就是想撇清拍马屁的嫌疑，我做我自己，不趋炎附势。"

但是，主动汇报是职责赋予我们的一项义务，与拍马屁无关。

在心理学上还有个理论：当人们面对未知的事物时，通常总表现为恐惧和坏的揣测。比如，孩子放学应该6点到家，可是到了6：30还没有到家，通常我会非常恐惧，心想：不好，出事了！可能遇到歹徒或者其他不测。绝对不会想：嗯，孩子捡到了一个大元宝，背不动，所以回来晚了。所以经常不和领导沟通，领导的想法一定是：嗯，不把我放在眼里啦！向领导主动汇报是职场里非常重要的原则。

当高层管理者主动征询自己的意见时，或者自己有了某种看法时，不妨说出自己的见解、提出自己的主张。这样，不仅容易在上下级之间产生交流与共鸣，形成互动互补的默契，而且还能使自己的才能得到体现，从而争得脱颖而出的机会。例如，某公司准备招聘一批新员工，任务下达到人力资源部，人力资源部的主管刘小姐是一位十分精明的女性，为了使招聘活动更加圆满，在向老板提交了工作计划后，她对老板说："王总，在写这个工作计划时，我脑子里经常闪现自己当年来公司时的情景，我初生牛犊不怕虎，特别渴望有一种成就感，老板您对我的包容让我得到很大的成长，真的要谢谢您……我觉得公司应该转变员工就是给人打工的观念，公开倡议员工与企业同行，让来应聘的每一个人都感到有奔头。"老板一听，十分赞同，同时对刘小姐的能力有了更深的认识。

高层管理者是靠"下情"来把握大局、统率人马的。所以，作为下属的中层管理者能敏感地注意到工作中、同事中的种种情形，主动地向高层管理者提供信息，就容易使双方形成互动互助的关系，而自己在工作中也就有了更大的回旋空间或提拔机会。一位车间主任在厂长来检查时，一个劲儿地抱怨"地方太窄，连转身都困难"。遗憾的是，他只是抱怨，却没说出自己的意见，这反而令厂长不悦。而车间副主任则不同，他说："依我看，这是工具的放置问题，应当找个专门的地方来放工具才好。我注意到那边的原料库，能隔出一个十几平方米的单间来放置。我算了一下，只需 1000 元就成。"车间副主任的话一出口，立即得到了厂长的重视，因为他不光是诉苦抱怨，而是提出了具体的建议。不久，他就被顺利地提拔为车间主任。

维护高层管理者的威信

中层管理者要维护高层管理者的威信，维护高层管理者的威信就是维护自己的影响力。

有人不明白这一点，说："他是他，我是我，我做好我自己，他好不好与我无关。"其实这是一个误区。

中层管理者含而不露地赞美高层管理者，会增加与高层管理者的感情，缩短与高层管理者的距离。赞美高层管理者是对高层管理者的认可、支持和褒扬，是下属与高层管理者搞好关系的"润滑剂"。没有不喜欢听赞美的高层管理者。领导是球队的"队长"，需要大家的鼓励和喝彩。

维护领导的威信，在我们的工作当中，每一个点滴都能表现出来。很多中层管理者不理解这一点，领导在的时候表现不佳。当着外面的人领导通常会表扬中层管理者，这很正常，但是目的其实是对外人塑造企业的良好形象，要学会听话中话。

【案例】

徐总带了两个重要的客人到车间里面考察，徐总说："这是我们车间里最先进的流水线，也是我们亚洲最先进的流水线。而这位是我们的生产经理，也是我们的技术权威。"

客人就感兴趣的问题向生产经理请教，生产经理滔滔不绝，与客人谈得不亦乐乎，把老板晾在一边，完全无视老板的存在。

送走客户之后，徐总说："你怎么一回事？"

生产经理不明白，问："你介绍我认识客人的，人家问我，我回答问题又怎么了？"言下之意，你又不懂，我只好代劳了，应该感谢我才是啊。

徐总压住火气，说："你不动脑子好好想想？这个客户是什么客户？进行到什么阶段的客户？我想介绍我们的技术介绍到什么程度？你不想想，如果我要你回答这么详细，我不会专门找个时间和地点进行深入交流啊！"

生产经理这才明白，原来老板的介绍只是形式需要，其实不需要真的进行技术交流，说个大概就行了。

宴请重要客人时，你需要时刻关注整个桌面上的气氛和话题进展，适时插入一些符合客户身份内容的话语，千万不能不分对象，这就要求我们的干部要懂一些"山海经""天文地理""风俗人情""时事新闻""历史掌故"。不能只用你熟知的一种风格面对客户。

【案例】

李教授和他的学生去一个企业做咨询活动，刘老板宴请，让销售部经理张华陪侍。

李教授平时不善饮酒，由于与刘老板的交流也算顺畅，在刘老板的撺掇下，也端起了酒杯。张华由于是销售出身，对天文地理、社会新闻也是了如指掌，在席间插科打诨。如果仅限于此倒也罢了，下面的一个举动，让李教授竟愤然离席。

张华去李教授那儿敬酒，李教授礼貌地站起来抿了一口，张华不干了，说："李教授，我们这儿的风俗就是'屁股一抬，喝掉重来'，你现在站起来，就应该喝掉！"说完把自己酒杯里的酒"咕咚"喝完了。李教授非常抱歉地解释："实在酒量不行，请你谅解！"

张华不依不饶，又把酒杯倒满，当着李教授的面"咕咚"又喝完了，亮起酒杯："李大教授，是不是瞧不起我们小地方的人啊！"

李教授确实不胜酒力，反复解释，仍然不行，张华又端起第三杯酒，一定要李教授喝完满满一杯酒，李教授非常不悦，求救于刘老板。

刘老板不但没有阻止张华，竟帮着张华说："张经理对教授也是一片诚意，请李教授干了吧！"

李教授见反复申明还不能解脱，索性把杯子重重地摔在桌子上，说："我告辞了！"然后拂袖而去。

大家面面相觑，甚至有这样的困惑：我真诚对待李教授，我敬酒是为了敬重你，你咋不领情呢？

对象不同，招待的方法也不同。作为公司负责接待的人员尤其需要注意。

维护高层管理者威信还在于，在老板的背后，也要维护他的威信。

在实际管理中，存在着这样的观点："他是他，我是我，当有是非发生时，我最好避开，不要引火烧身。"

其实在中国的管理里面，有一个东西非常重要，就是首先你要赢得下属在心里对你的认可，不然下属表面上对你恭恭敬敬，实际是不屑一顾，做事能拖就拖，能糊弄就糊弄，"人品"对管理起着辅助支配的作用。

赢得下属尊敬的原因之一：与高层管理者关系良好。试想一下，有哪一个中层管理者与高层管理者关系非常糟糕，却受到下属青睐的？如果有，一定是故事片里面的情节。赢得下属尊敬，也是管理者的任务之一。

在一个组织里，高层管理者的威信受损，连带着中层管理者的威信也会受损，高层管理者布置的工作大家都不屑，我们却力争要去完成，大家就会对我们有意见。所以在旧社会里有句话叫"官官相护"，意思是在不存在原则问题的前提下，官员之间应该相互保护，维持官场威望；这是行使权力的保证之一。

这就是职业经理人的素养，你要懂得这些游戏规则、潜规则。你不掌握这些潜规则，对你的职业生涯发展是有所妨碍的。

第四节　中层管理的技能

计划

计划能力是一个管理者的基本能力，计划是工作的源头，没有计划你根本无从管理。

对一个不重视计划、缺少整体规划的企业或组织而言，所有的行为都将是盲目的、无序的，都不会有绩效。

在亨利法约尔的管理职能理论中，计划职能排在组织、指挥、协调、控制等诸项管理职能之首。计划能力是任何一个管理者都必须具备的基本能力。

高层管理关注的是组织的长期计划，也可以叫作战略规划，往往体现为年度规划；中层管理者关注的是实施计划，也就是具体的项目计划，在很多组织中也叫作月度计划；基层关注的是具体的行动计划，体现为周计划或每天的作业计划。

完整的计划来自于对组织目标任务的认同和明确，也来自于对自身职能的思考和理解，更来自于自身正确的职业思维，还来自于对自身责任的勇于承担，来自于自身精湛的职业技能与素养。

中层管理者的工作计划应该包括部门工作计划和个人工作计划两方面。部门工作计划是指整体部门的工作事项及与相关部门协调处理的工作事项；个人工作计划指企业给到部门目标及职能的具体分解，领导交办的临时工作、岗位职责中属于自己必须要处理的事项等。

计划可以分重点和非重点，计划内容要包括谁来做、什么时间完成、做到什么程度、在哪里做、有没有边界、有没有接口，而不是简单的只是写要做什么。

【案例】

××公司在五一期间准备组织爬山比赛。即将爬山的地点距离公司有10公里，五一期间放假，员工都分散在市区各地。公司要求由团委组织，要求这次比赛能够做到"安全、快乐、合作"。

分析：本次比赛要求参赛者安全，还要快乐，还要体现合作精神。最终的表现形态是什么样子呢？组织者开始设立方案：

个人竞赛登顶：由于竞争的存在，恐怕争先恐后，不安全，所以最好大家平和地登山才重要。

组织摄影比赛：可以考虑，但防止为了拍摄险峻的镜头而可能出现的不安全，所以要规定路线。

所以团委最后选择了这样的方案：

（1）限定人数：40人，设定一些限制条件，控制在范围之内。

（2）所有人必须像上班一样，在公司集中，统一去目的地，公司租用大巴。

（3）进行分组，4人为一组，采用"团队竞赛登顶"的方法，以团队最后一个人登顶计算时间，鼓励互相帮助，互相看护，用积分激励，弱化登顶冲刺的冲动。

（4）组织摄影比赛，但是按照团队的获奖总分评定名次。

于是团委根据以上要求就出台了以下的工作内容：

（1）由团委拟文出通知，要求公司青年积极参加由其组织的"迎五一，喜登山"为主题的活动，时间定在4月30日，欢迎大家报名，报名资格如下……

（2）凡参加者4月30日上午8点在公司大门集中，抽签分组，4人为一组（团队），组织以团队为单位的登山活动。

（3）约8：30到达地点，集合，清点人数，将小组编号，每隔1分钟一个小组依次上山，山顶由工作人员接应并计时，规定低于1小时和超过2小时的小组不计分。第一名记20分，以后每个名次减2分。

（4）每个小组必须提供不低于20张参赛照片用于评选，评选照片积分为：一等奖20分、二等奖10分；三等奖5分。

（5）中午在山顶用餐，下午在山顶有两项活动：合影、新团员入团宣誓仪式。

（6）三点下山，四点出发回公司，四点半到达公司，解散。

行动列表：

××公司"迎五一，喜登山"行动计划（仅供参考）

序号	计划项目	计划内容	责任人
1	通知拟文，发布	4月20日前，拟定"迎五一，喜登山"活动通知，送团委审核，4月23日发布	
2	接受报名，资格审核	可以通过邮件、填写表单、微信公众号接受报名，报名结束日4月28日梳理出符合条件的报名者名单，送团委审核，确定最终名单	
3	通知参加人员集中时间	4月29日，通过电话通知参加人员，确定最终参加人数，告知注意事项	
4	联系大巴等	1. 联系大巴车，在4月30日上午8：00准时到达，将费用、驾驶员信息报告团委 2. 去医务室确定一名随团医生，将医生信息报告团委 3. 随行每人约两瓶矿泉水，登山时发一瓶，其余自取 4. 准备团旗一面	
5	分组，清点物资	1. 4月30日上午8：00，在公司大门集中后，抽签分组，分为10组 2. 按物资清单清点物资	
6	登顶出发	4月30日上午约8：40 1. 登山前清点人数，将小组编号，讲述登山注意事项、登山规则 2. 查检医生、矿泉水 3. 安排人员先期登顶接应	
7	登顶统计	4月30日上午9：40后，在山顶接应上山者，统计名次	
8	安排午餐	在山顶商圈自由按小组为单位用餐，每个小组发200元餐费	
9	合影	13：00所有参加人员合影	
10	入团宣誓	13：20入团宣誓仪式	
11	自由活动	自由活动，宣讲注意事项，截止时间15：00	
12	下山前组长集中	15：00下山，宣讲要求	
13	山下集中	统计清点人数，上大巴车，回公司	
14	解散	到达公司，解散，将剩余物资交回团委	

当我们看到以上的"行动计划表"时，我们就能马上确认，该活动的结果就能知晓了。如果没有这张计划表，就有可能丢三落四的。

如果表达得更为清晰一些，还可以用甘特图展示。

××公司"迎五一，喜登山"行动计划（仅供参考）

序号	计划项目	15	16	17	18	19	20	21	22	23	24	25	26	27	28	29	30
1	通知拟文，发布	—	—	—	—	—	—	—	—								
2	接受报名，资格审核									—	—	—	—	—	—		
3	通知人员集中时间															—	
4	联系大巴车等													—	—		
5	分组，清点物资															—	
6	登山活动																—

培训

作为中层管理者，制订计划、分解任务之后，还要安排具体的人员去执行，而成熟的员工则是执行力的重要保证，所以员工培训是提高企业执行力的重要途径。

江苏联瑞董事长李晓冬说"老虎带领羊群一定会打败羊带领的虎群"，中层管理者的管理行为对队伍的影响力巨大。刘邦出身寒微，才思平常，用他自己的话说，就是"夫运筹帷幄之中，决胜千里之外，吾不如子房；镇国家，抚百姓，给饷馈，不绝粮道，吾不如萧何；连百万之众，战必胜，攻必取，吾不如韩信。三者皆人杰，吾能用之，此吾所以取天下者也"。他之所以能在群雄中脱颖而出取得天下，关键在于他知人善用，带领了一支优秀的团队。

刘邦的团队里的中层管理者就是张良、萧何、韩信等。如何把自己打造成他们这样的人，我们已经说了很多，这些内容都是需要修炼的，但是如果这些中层管理者没有很好的方法去带领团队，那么团队也没有执行力和战斗力。

让团队有战斗力的第一要务就是培养员工"单兵作战"的本领。企业需要不断提高产品质量和产量，这就需要一批技术好的员工队伍，现有员工可能不能满足企业的要求，就要对现有员工进行技术培训以提高其技能，以便生产出更多更好的产品，让企业取得更多的利润，这就是培训的动机。

只有通过培训才能使员工的素质得到提升；只有通过培训才能使管理者的意图得到贯彻；只有通过培训才能使公司的制度得到具体落实；只有通过培训才能形成可持续发展的优势。

员工的培训不仅仅是必需的，还是非常必要的。员工培训对于公司未来快速发展所带来的好处是毋庸置疑的。人才是企业最基本也是最重要的资源，对于一个企业来说如何把"人"变成"人才"是重中之重，关系到企业发展的长远问题。优秀的中层管理者总是不失时机地把对职员的培养和训练摆上重要的议事日程。

作为一个企业，就像一个人，随时要面临来自外部环境或内部环境的变化，企业要不断去适应这种变化才能生存和发展。其实员工的素质就是制约提升企业抵抗力的主要因素，而培训是提高员工素质的重要途径和手段。但是现在各种各样的培训越来越多，究竟培训的价值在哪里？要使培训有效，首先就要明白培训的价值。企业的每一个行为和计划都需要有清晰的目的和意义，切不可为了培训而培训，不可为了跟风、炫耀企业实力而做培训。在做培训计划之前，首先要对企业的人力资源发展战略很清晰，这也要求中层管理者对企业的发展方向非常了解，对员工培训非常熟悉，因为一些日常性的培训就需要中层管理者自己来执行完成。而对于长期的培训，需要针对不同的培训对象，采用适当的主题、深度及培训形式。

一刀切式的培训不会收到预期效果。培训往往是为了提升员工，课程设计要根据对方的学历、工作背景、性别等因素来进行，否则就达不到培训的效果。

督导查核

督导是对工作过程中方法的监督和指导，查核是对工作质量和结果的考核和检查。

督导是对制造产品或提供服务的员工进行管理。对于员工而言，中层代表着管理方、权力、指令、纪律、休假时间、提高收入及晋升。对于上级而言，中层是他们与员工和具体工作之间的纽带；中层代表着生产力、成本、人工效率、质量管理、客户服务；同时又代表着手下员工的需要和要求。对于顾客而言，产品和员工代表着整个公司工作的氛围。对当今的多数员工而言，以前那种强硬高压的管理法已经不起作用了。创造一种能使他们心甘情愿为你付出的工作氛围不仅是你对他们的义务，也是自身工作的需要。同时，督导人员的素质高低，知识性、技能性水平的高低，直接影响最终效果和业绩。

为了加强员工技能提升、标准化的服务理念、品牌化的团队意识，督导人员应做到：在督导过程中，一定要明确强调领导的意图和要求，传达明确的指示信号和要求，以及督导结果对被督导单位的影响，说清楚利害关系。引起领导重视和采取切实措施落实是督导成功的关键。要督导要害环节和主要目标。督导的主要目标和领导意图是客观的，在督导工作中一定要围绕这一中心和指导思想来开展工作。督导组内部分工科学，力量配置停当，形成工作合力，确保督导工作顺利及时高效展开。要深入基层，掌握第一手资料和真实情况。特别是主要成绩、存在的主要问题等一定要明明白白，让对方心服口服，认同督导。督导意见要用事实和数据说话，要证据确凿，说理有力，观点明确，要求措施到位，期限和责任追究要严明。督导的结果要及时反馈和落实整改，后续跟踪检查落实情况，直到满意为止。

督导查核虽然是检查别人的工作，督促指导推进工作，其实并不轻松。要发现问题、找出原因，提出改进意见，取得实效，要承担责任，这些对推动全局工作具有战略意义。所以，要做好督导工作，认真仔细研究问题，工作方法十分重要。

控制

中层管理者首先要理解公司战略，并能结合本部门职能和实际，发现关键问题，创意解决办法，设计实施方案，坚决推进执行，持续跟踪改善。比较普遍的不足是抓不住大事、要事，面对诸多问题却没有解决的方法，常常向别人讨主意，甚至等着别人告诉他干什么和怎么干。百度李彦宏曾说：一个人最重要的是判断力，没有判断力怎么能有决策力，人云亦云，好坏不分，你怎么决策？不能在复杂情况下综合思考、独立判断，不能做出可操作施行的解决方案，你就失去了中层管理应有的作用。

任何组织、任何活动都需要进行控制。因为制订计划时，主管人员受到其本身的素质、知识、经验、技巧的限制，预测不可能完全准确，制订的计划在执行过程中可能会出现偏差，还会发生未曾预料到的情况。这时，控制工作就起了执行完成计划的保障作用，以及在管理控制中产生新的计划、新的目标和新的控制标准的作用。通过控制工作，为主管人员提供信息，使之了解计划的执行进度和执行中出现的偏差以及偏差的大小，并据此分析原因，及时给予纠正，或立即修订计划，使之符合实际。

控制工作存在于管理活动的全过程中，它不仅可以维持其他职能的正常活动，而且在必要时，还可以采取纠正偏差的行动来改变其他管理职能的活动。正确的控制工作可能导致确立新的目标，提出新的计划，改变组织结构，改变人员配备，以及在指导与领导方法上做出重大的改革。首先应明确控制的对象，也就是体现目标特性、影响目标实现的要素。这种标准是从一个完整的计划中所选出来的，是对工作成果的计量有重要意义的关键点。最理想的标准是可考核的标准。

有了标准后，首先要明确衡量的手段和方法是什么，落实进行衡量和检查的人员，然后通过衡量工作中的成效，获得大量信息。反映计划执行的进度，使主管人员了解哪些部门或人员的工作成效显著，应予激励；同时及时发现那些已经发生或预期将要发生的偏差。这是控制的关键，之所以重要，就在于它体现了执行控制工作职能的目的，同时将控制工作职能与其他职能结合在一起。

管理者，一般而言总是从基层提拔起来的，所以业务能力比较优秀。可是在实际职场管理中，却有一些管理者是空降兵，或者与老板有裙带关系……一些能力不够优秀的却做了某负责人。能力不够优秀，就发现不了业务过程中的一些问题，更谈不上指导别人，而且中国的员工对于低业务能力的管理者，心理往往会抵触，故意弄出一些"难题"去为难高层管理者，让其出洋相，下不来台，背后耻笑管理者。

【案例】

小华是老板的儿子，刚从国外某工商管理专业毕业回来，老板准备交班给儿子，于是给儿子任命做了一个官——总经理助理。小华懂得一些管理的知识，对公司的生产业务、销售业务、产品知识了解甚少。更要命的是，老板的女婿李明长期跟在老板后面做销售，销售经验非常丰富，在公司里已经建立了相当的人脉关系。小华在管理时，多次受到这个姐夫李明的掣肘，没有办法应对，只好赔着笑脸，但是又不甘心。

这一天，有一件事情摆在了小华的面前。

销售经理："A客户对我公司投诉，说我公司产品外观不良，有划痕，要求赔偿3万元。"

小华问："难道我们内部没有出厂检验？"

销售经理："有的，在还没有发货时，就已经发现了缺陷，品管部开出整改通知单。可是整改需要时间，客户催得急，你姐夫李部长的客户，他说没事，发出去由他兜着。就这样按照李部长的意思发出去了！"

小华又问："李部长怎么说？"

销售经理："他协调过这个事情，也协调不下来，估计只能认罚款了。"

小华觉得只是个绝佳时机，正好治一治姐夫，于是就当着销售经理的面，找来了姐夫李部长。

小华："李部长，A客户投诉你知道吗？"

李部长："知道啊！"

小华："怎么处理呢？"

李部长："我协调过了，协调不下来，等罚款吧！"

小华心中有了火气："当初品管部已经查出质量有问题了，你为什么坚持要发货？怎么这么不负责任！"

李部长顿时也来了精神："你知道什么？这个活儿是我们去争取来的，本来人家不给我们做，我们说我们也有这个生产能力，没有问题的，这才给我们做。结果在规定的交货期的时点上做出来了，却出现了瑕疵。当时如果推迟交货，客户会认为我们找借口，根本没有生产能力，连下次做的机会也没有；我们交货了，客户只是认为我们的管理存在问题，生产技术能力没有问题，我们就还有机会……你不去找你的生产部门，在我这儿找碴，有意思吗？"

销售经理期期艾艾，冲小华笑笑，又冲着李部长笑笑，谁也不劝，借着有事先离开了。

小华本来想借这个事情树立自己的权威，可是却碰了一鼻子灰。嘴里只好应道："我知道了！"

小华只能找生产部了解情况去了。

小华对销售业务不太熟悉，被李部长钻了空子，还遭到了一顿抢白。

所以良好的业务技能是控制的基础，对事情的全面了解是控制的必要前提，抓准时机是控制的关键点。

组织协调

中层管理者一般在不同的部门中任职，因此必须学会与其他部门打交道，处理好部门间的关系，实现互动互助、流程衔接、协同工作。由于部门职能不同、职责有异，往往信息不对称，此时，最需要有效的交流和沟通。在一定程度上来说，沟通倾听能力就是协同能力，在部门协同上中层管理者有着重要的作用。组织协调能力，主要包括在进行管理工作中的计划布置、组织分工、人际沟通协调等能力。

中层领导在处理日常性、例行性的大量事物时，不仅需要具有这种能力，还要充分发挥这种能力。至于在执行重大的、紧急的、非日常性的工作任务时，就更不可缺乏这种能力。大量实践表明，即使是在各有关方面包括全体下属都有积极性的前提下，如果作为企业中坚力量的中层领导组织协调工作没能及时跟上，则整个工作必然会呈现出紊乱、低效的局面；相反，中层领导的组织协调能力强，就可以使自己的工作做到位，就可以起到"黏合"、凝聚作用，就可以在同心协力、井然有序的和谐节奏中把工作搞得有声有色。而不具备组织协调能力的中层领导，要想做出业绩是很困难的。

作为一个合格的中层领导，在组织协调方面应做到以下几点：

第一，要做到正确分解工作目标，制订出本部门切实可行的周密工作计划，并严格按照质量要求，及时完成。

第二，合理、妥善地进行组织分工、落实部门内各项具体任务，使下属适才适用，各尽其职，认真负责，充分调动他们的工作积极性和创造性。

第三，把自己管辖范围的人力、物力、财力统筹安排，进行合理有效地组合，使其发挥出最大效能。

第四，准确及时地进行信息沟通，消除群体内外的摩擦，达到团结共事、协同动作的目的。

组织协调能力的提高，最基本的途径，就是理论与实践相结合，把多种技能和知识在中层领导工作中综合运用。

中层领导要提高这种能力，必须使自己的知识面不断扩大，绝不能只局限于精通本职位有限的知识和技能。其中，管理科学的丰富知识和技能是提高中层领导组织协调能力的源泉和基础。因为"专才"只能做好分内业务工作，只有"通才"才能既熟悉业务又善于管理和协调。除了要具有渊博的管理知识外，管理工作经验的积累也是不可忽视的，这是提高中层领导组织协调能力的又一条重要途径。理论来源于实践，反过来又指导实践，现代管理科学的理论就是由无数的管理经验不断地概括、总结、系统化、理论化而逐步形成的。因此，中层领导应当不断总结自己的管理经验并注重学习吸收各方面的成功做法。这样日积月累，便可以使自己的组织协调能力逐步提高，从根本上做好组织协调工作。

激励

美国哈佛大学教授詹姆士曾在一篇研究报告中指出：实行计时工资的员工仅发挥其能力的 20%~30%，而在受到充分激励时，可发挥至 80%~90%。所以激励的作用是巨大的。激发员工创造财富和献身事业的热情。激励是一种有效的领导方法，它能直接影响员工的价值取向和工作观念。

当代员工都有日趋增强的成就感，他们都希望以领导为参照系数，发挥、发展自己的知识和才能，更好地实现个人价值的增值。高水平的领导者能产生强大的非权力影响力，来增强组织的凝聚力。每个中层领导都掌握着一定的权力，在一定意义上说，实施领导的过程，就是运用权力的过程。激励就是一种高超的领导艺术。中层领导爱岗敬业、公道正派，其身正其令则行，就能有效地督促下属恪尽职守，完成好工作任务。风气建设是最基本的组织建设，而中层管理的知识水平和工作能力是领导水平的重要体现，这就要求中层管理者善于捕捉各种信息，扩大知识面，使自己具备一种不断同外界交换信息的、动态的、不断发展的知识结构。随时随地给员工恰如其分的激励，是一种不可或缺的领导艺术。

另外，情感需要是人的最基本的精神需要，因此管理者就要舍得情感投资，重视人际沟通，建立感情联系，增强员工和领导在感情上的融合度。情感联系一经确立，员工就会把快速优质地完成领导交办的任务作为情感上的补偿，甚至能不去计较工资、奖金等物质因素。建立情感联系，领导者必须改变居高临下的工作方式，变单向的工作往来为全方位的立体式往来，在广泛的信息交流中树立新的领导行为模式，如人情往来和娱乐往来等。领导会在这种无拘无束、员工没有心理压力的交往中得到大量有价值的思想信息，增强彼此间的信任感。

社会心理学原理表明，社会的群体成员都有一种归属心理，希望能得到领导的承认和赏识，成为群体中不可缺少的一员。赏识激励能较好地满足这种精神需要。对一个有才干、有抱负的员工来说，奖励百元、千元，不如给他一个发挥其才能的机会，使其有所作为。因此，中层管理者应该为有才干的人自我价值实现创造尽可能好的条件，对员工的智力贡献，如提建议、批评等，也要及时地给予肯定的评价。肯定性评价也是一种赏识，同样能满足员工精神需要，强化其团队意识。

改善

中层管理者不但是企业战略目标的执行者，更是部门的领导者，他们能随着企业技术革新、人员调整的内部变化，以及外部环境变化，不断去主动发现问题，提升纠正问题的执行力，进一步完善制度和流程。同时，一支能持续创新、满足客户需求和期望的团队，才不会被这瞬息万变的社会淘汰。目前很多中层管理人员属于"救火队员"，哪里出现漏洞，就去哪里补，非常地被动。企业好比是一个军队，铁打的营盘流水的兵，作为中层管理者，应该充分吸收前人的经验，融入自身的优势，主动积极地以部分带动整体。

很多中层管理者喜欢带着问题去问高层，然后再根据高层的指示去办事情，但要知道，即使高层管理人员水平再高也不可能什么都面面俱到，什么都是专家。

因此作为中层管理者，不要拿问题去考验高层，而是要首先拥有自己的专业意见，并提出多套处理方案，分析各个方案的优缺点，从专业角度概述自己倾向的方案，然后再让领导做选择，这样就能使决策更加科学、合理，而不是一个人拍板决定的。

高层管理人员不愿听取中层管理者意见而坚持己见的情况，在一般企业时有发生，此时中层管理者通常会认为自己已经尽力了，决策是领导定的，后果与自己无关，甚至有些还会产生让失败来印证"自己是对的"心理。优秀的中层管理者不是这样的旁观角色，即使高层与自己意见不一致，也应通过自己的专业知识和经验，更具前瞻性地考虑高层决策的哪个环节或者阶段会出现问题，然后尽力去做好防范工作，把风险降至最低，这样高层管理者就会吸取教训，甚至以后会更看重你的专业意见。

第三章 方法革命：怎么做

第一节 常见管理误区

误区一：人缘很好，受人拥戴

有的中层管理者说：我总是站在员工的角度看待问题，实施人性化的管理，善待员工，甚至破坏了规章制度，得罪了高层管理者，也力求赢得下属的满意。可即使做成这样，高层管理者不满不说，员工也像白眼狼一样，根本没有知恩图报，与我的付出完全不成比例，为什么？

我们来分析一下，其实这里面的逻辑是这样的：

做人需要善良，所以只要我善良地对待员工，员工一定心存感激，我就会受到下属的拥戴。

就是自己想做个善良的老好人，通过不得罪下属而收买人心，把正常的管理工作当成了跟下属的交易，以获取好人缘，其实是滥权，你越是让一些员工占便宜，另外一些员工越会不满意，越变本加厉地要求占更多便宜，工作没做好，管理混乱，最后当然是连高层管理者也得罪了。

比如一位员工迟到了，主管说："按照规定，迟到是要罚款 50 元的，念在你平时表现不错，不罚你了，但是工作要好好干！"这名员工当时可能感恩戴德，在一段时间内有可能会很认真积极。可是时间久了，他会发现，主管对其他人也是一样的，"那人罚款应该更多，也不罚了，我没有必要感恩戴德的"，于是反而会形成一种消极的影响。而且这样比下去，会形成更大的对犯错免责权力的暗中较量，这反而对工作形成巨大的危害。

同时，其他员工会在领导在的时候表现很好，不在的时候又松懈放任，因为领导是以自己看到的表现为是否奖罚的依据，那么就会造成善于在人前表现而无人踏实工作的消极氛围。

如果员工犯错误长期不罚，根据詹姆斯·威尔逊（James Q. Wilson）及乔治·凯林（George L. Kelling）提出的破窗理论：如果有人破坏了一幢建筑物的窗户玻璃，而这扇窗户又得不到及时的维修，别人就可能受到某些示范性的纵容去打坏更多的窗户。久而久之，这些破窗户就给人造成一种缺陷感觉，很容易滋生人们的破坏欲望，犯罪就会滋生，社会就会不稳定。

美国斯坦福大学心理学家菲利普·詹巴斗（Philip Zimbardo）于 1969 年进行了一项实验：他找来两辆一模一样的汽车，分别放在两个街区。菲利普·詹巴斗把其中一辆车的车牌摘掉，敲碎其中一块窗户玻璃，从旁观察，结果发现，由于这辆车的窗户玻璃坏了，起了一个坏的示范作用，另外的窗户玻璃也给人砸了，既然玻璃坏了，车上的东西变得可以恣意破坏，反光镜被别人扭走了，轮胎被别人卸了，发动机被人抬走了……整辆车被破坏成为废车，很快就被人拉走了。而放在另外那个街区的完好无损的汽车，依然完好无损，没有受到任何的损坏。后来，菲利普·詹巴斗用锤子把另外那辆车的玻璃也敲了个大洞，把车牌摘掉。结果呢，同样的事情又发生了。

在企业中也是这样，员工违反了企业的管理制度和规定，应该惩罚的必须惩罚，不能当老好人。当老好人的后果就是制度体系遭到破坏，管理无法有序进行。

而问题在于，惩罚的艺术，应该怎么做，才能没有负面影响？

我们说的是说服教育，提前沟通，让员工理解公司的规章制度是对事不对人的。如果员工理解了，也就没有问题。

可是事情往往不如人愿，你找他谈话，他怎么也谈不通，怎么也不接受被罚款这样的结果；怎么办呢？有很多中层管理者在说服无效的时候，通常会采取如下的几种方式：

第一，"交易"。比如，我现在罚你 50 块，但是我安排你一个"加班"，这个加班很讨巧，活不多，通过加班费把罚款给"补"回来了。这件事看上去非常完美：一是公司的制度执行了，二是不伤害员工的感情，还在下属那儿落得个"好人"的名声。行不行呢？不行！没有不透风的墙，任何私相授受的关系，拿公司管理做钱权交易的不光彩事件早晚都会被别人知道。

第二，"收买"。罚款了，员工不服，就自己掏钱给员工垫上，或者请员工吃个饭，打个招呼。这样给人的感觉是，"原来只要"逼"住他，他会想办法"弥补"我的"，所以下属慢慢就会表现出"横"的状态，以得到你的"好处"。而且员工还会认为，你的"隐性收入"很多，不然哪有那么多钱给人垫资？可以随便用自己的钱去弥补员工的损失，这样的做法其实后果很严重。

第三，"滥权"。这是一种高压政策，就是我谈话谈不通就继续加大处罚力度，一直处罚到你痛，不敢和我叫板为止。这种滥权和高压的管理方法有可能形成员工的激烈反抗，甚至在背后用不正当的手段让管理者受到伤害。

那么究竟怎样才算合理呢？

公平公正是取得下属尊敬的重要手段。这件事情你告诉他，不仅是你，任何人都一样，也请他监督你的制度执行。当他看到你的处罚不因人员的不同有所不同，看到不管是谁只要违反纪律，处罚都是一样的，他就会心服口服。

对一些事情不要因为特殊关系就"搞特殊"，这样很容易造成下属间的嫉妒和矛盾。处理事情的时候要公正，对事不对人，不要把个人情绪放进工作中，也不要针对某个人，因为这样会给下属留下不好的印象。

有的下属总是以自我为中心，不顾全大局，经常会提出一些不合理的要求，什么事情都先为自己考虑，有这样的下属，就要尽量地把事情办得公平，把每个计划中每个人的责任与利益都向大家说清楚，让他知道他该做什么，做了这些能得到什么，就不会再提出其他要求了。同时，要满足其需求中的合理成分，让他知道，他应该得到的都已经给了他，而对他的不合理要求，要讲清不能满足的原因，同时对他晓之以理，暗示他不要贪小利而失大义。

那么对于那些始终不顾大局的员工，惩罚有没有可能带来什么后果呢？建议密切观察，等他理解了公司对大家是一视同仁的，不是针对他，那么他就会形成一种自觉遵守公司规定的习惯。

中层管理者是为了帮老板把工作理顺，不是只为了当一个下属拥戴的干部，尤其不能为了好人缘而没有原则，顾小失大，舍本逐末。

误区二：谦虚待人，保持平等

有的中层管理者认为虽然受到提拔，但自己从来不高高在上，不居高临下，非常谦虚，和员工一起劳动、一起娱乐，甚至还请员工喝酒吃饭。他觉得最能保持劳动的本色，与员工打成一片。可是，他费尽了心思与员工搞好关系，员工根本不把他放在眼里，分配的工作员工根本不听，高层管理者对他也不甚满意，这是为什么？

他不明白的是，做人不等于做官，做人应该待人平等、为人谦虚客气、真心换真心，情感投入要真挚，但是作为一个中层管理者，一个领导人，需要在工作中有威严、有等级，不能完全没有距离感，这样会造成任务不受重视，工作安排不下去。

常听一些朋友说管理者和下属应该是平等的朋友关系，这样有利于在一个团队中创造一种和谐的氛围，使员工工作起来更有效率。事实上职场中是有等差的，是不平等的。如果没有界限，就会造成混乱。

上班的时候不能平等，下班可以平等，但是还要保持一定的距离，这个距离是为了上班时候的等级预留的空间。如果一个中层管理者跟下属下班后在一起吃饭，打羽毛球，看电影……都是可以的，但是也应该讲究分寸。

【案例】

小贾升任技术主管，为了与大家搞好关系，请部门的员工在城区一家高档酒店吃饭，席间非常谦卑地请各位对他的工作予以支持。同事们也给予回应，相互间"真情"流露，一时间气氛融洽，宾主尽欢。小贾踌躇满志，一上任就一改前任的管理制度，制定了新的管理措施。比如，原来上班需要打卡，现在小贾规定：上班无须打卡，只要把手里的工作做好，有事随喊随到就行了。他认为，这样做不仅效率会提升，员工的工作量也会大大减少，积极性一定会提升。可是员工并不领情，工作效率并没有提升，而且员工有时还会以各种借口逃避小贾的其他工作安排。小贾与员工推心置腹地谈心，要求员工积极工作。小贾想：精诚所至，金石为开，只要真心对员工好，员工一定会对自己好，也会对工作好。可是工作一段时间以后，员工并未体会小贾的真诚，玩起了"猫鼠游戏"。小贾大失所望，向高层管理者诉苦，为什么好心得不到好报呢？

小贾是典型的"做人做官错位"。一些中层管理者胜任管理岗位后，企图用做人的方法做管理者，以赢得下属的"人心"，可往往适得其反。做人需要平等，需要情感自然流露，需要礼尚往来。可是做管理者却不同，有时需要居高临下，需要情感包装，需要保持距离。

可以和员工交心，但不能无所不言。

古语说："同门曰朋，同志曰友，朋友聚居，讲习道义。"意思是说：在一个老师门下的为朋，志趣相投的为友，朋友相聚在一起，讲究和遵守道义。经过发展，现代的朋友应该有如下的特征：一是平等相处，互相尊重；二是情感交流，把心底的话和别人交流；三是互帮互助，这要求在不违反法律法规的前提下进行。

如果我们和下属成为这样的朋友，我们会受到下属的拥戴吗？

理论上来讲，情感倾诉应该没有问题，可是我们的情感倾诉不可能完全兜底，我们总是把我们心中最柔软的地方包裹着，不完全示于人。下属需要正能量，不能把我们的担心、不满和困惑完全告诉他们。我们可以交心，却不能用交朋友的方式去交流。如果把我们的怀疑、怨恨告诉部属，当危机出现时，很可能成为不利因素。

在职场上有个规则：让正面的消息往下走，让负面的消息往上走。

上下级之间没有办法成为完全意义上的朋友，所谓的"朋友"，也是用"朋友"的方法与员工交心，根本不是真正的朋友。"高处不胜寒"，讲的就是越高位的管理者，往往找不到可以倾诉的人，因为要防范因为自己的"坦诚"，让自己在工作上反而被动。

有人说，我这个人，就是感情泛滥，需要朋友。你可以广交朋友，但是最好不要在自己的下属里面去选。不要与员工太亲密，容易引起误会。假如，某一天一个中层管理者和一个员工勾肩搭背在公司走一圈，什么话也不用说，想一想会是什么后果？看到这个场景的员工一定会说："嗯，千万不能和这个勾肩搭背的人闹矛盾，这个人和某经理关系特别好！"

你看，什么事都没有做，你已经变得不公正了。设想一下，如果一对青年男女，在某同一部门工作，结果恋爱了，恋爱关系一确立，领导就会做一件事情——把他们俩的工作拆开，为什么呢？因为他们俩已经形成一个利益联盟了，女朋友犯错了，你批评她，她的男朋友就会来找你：为什么批评我的女朋友？

我们和下属之间没有这种私情，所以不要搞得太近，否则下属们对你有意见，连高层管理者也会防范你。

我在做总经理的时候就是这样，我发现有两个下属关系特别好，在我没有弄清楚他们俩关系为什么那么好之前，两个人我一个也不会提拔，因为我不知道里面有没有"猫腻"，有没有拿公司的事情当交易。

员工不对我好，我也得对他好。管理者的成绩，都是由下属创造出来的，作为管理者应该有宽广的胸怀，不能感情用事。当下属误解，或者负面情绪爆发时，我们除了想办法在公众面前消除影响之外，还要弄清缘由，消除误会，或者做通思想工作，我们还得用好他们，让他们为我们的业绩做出贡献。所以需要我们广泛地"爱人"，不可意气用事。成就下属，就是成就我们自己。

其实职场中的平等是不可能实现的。管理者之所以为管理者，是因为手上有权利，可以对下属的绩效进行考核，年终能拿多少钱就得靠这个，员工能否升职也得看这个。所以下属总是被动的，没有选择的余地，管理者与下属的地位根本就不平等。而一个管理者要管理好自己下面的员工最重要的就是威信，如果你说的话员工认为可听可不听的话，那管理者就不可能管理好员工。一个管理者若和员工真成了朋友，就会让员工觉得凡事都有商量，而直接后果就是影响了执行力。还会影响管理者在员工心目中的公正性，即使管理者在工作中并没有徇私，自己的威信也将大打折扣，无法让员工信服。

作为一个中层管理者，如果你跟一个下属关系很好，那么别人就会认为你在安排任务的时候偏袒此人，即使你是公心，也会被其他人认为有私心，引起不必要的矛盾。

职场中的等级划分是为了方便管理工作顺利进行，维持有等差的秩序是需要的，这个从国家层面上开人民代表大会的出席次序也能看出来，国家主席当仁不让，没必要谦虚，说让副主席先上，这肯定是不对的，因为你代表的不是你自己，而是你的职责，这跟我们平时说的做人要谦虚、待人要平等是不一样的。

所以，管理者不要特意去做出一副很亲民的样子，领导就是领导，就是和员工不平等，他们是管理和被管理的关系。其实谁都知道想让狮子和羊做朋友是天方夜谭。这种朋友的管理方式绝对不是最好的管理方式，也不是最有效率的方式。我们提倡的是建立起简单和谐的人际关系，所谓君子之交淡如水，职场中上下级之间保持一定距离和秩序是有利于工作的。

误区三：能力超强，独当一面

有的中层管理者说："我从来不让高层管理者操心我的部门，不推卸责任，独当一面地开展工作，把我的部门管理得井井有条。可高层管理者横挑鼻子竖挑眼，鸡蛋里挑骨头，老是找我的下属了解情况，我觉得如芒在背，我的高层管理者这是怎么了？他为什么这么不信任我？"

这里面有两个情况：一是当事人的确能力很强，但是领导嫉贤妒能，心胸狭窄，故意吹毛求疵挑毛病；二是可能当事人自我感觉良好，其实水平一般，这个时候领导去下面了解情况是为了摸底，谈话交流是一种提起自省的提点。后一种情况好办，自己反省提高就好；如果是前一种情况，领导能力差又不容人，这个时候就有很多选择：

第一，逃离。"此处不留爷，自有留爷处。"这样做其实是有代价的，前面所有的努力都归零，重新到另外的工作单位去交成绩单，重打锣鼓重开张，重新获得认可赏识提拔；还有一个可能的风险，天下乌鸦一般黑，下一个领导也嫉贤妒能，小肚鸡肠，还有可能不如上一个单位的领导。

第二，忍让。中国有一句古话：忍一时风平浪静，退一步海阔天空。进行自我"修炼"；还有一句话说：是金子总要发光的，所以"我总有一天会出人头地，不急"。但问题是，一直忍耐也没有尽头，鲁迅说，不在沉默中爆发，就在沉默中灭亡；金子埋地里一千年还是会发光，可人没有那么长寿的，短短一生的工作时间也是有限的，黄金年龄也就短短几十年，被这个领导耽误几年，被那个领导耽误几年，机会越来越少；另外，职场中的职位跟年龄经常有某种关联性，大体上 30 多岁可以做到基层主管，干得好 40 岁会升任中层主管，50 岁左右大概可以做到总监、副总之类的位置，但是如果在 40 岁的时候才被提拔做个班长，后面的机会就没有多少了。所以忍让也不是好办法。

第三，抗争。前面两种方法都比较消极，下面有积极的方法，就是抗争，到高层管理者的高层管理者那儿去告状，跟高层管理者对着干，把领导扳倒，自己取而代之。这个看上去不错，搬掉了自己的绊脚石，理顺了工作，提高了效率，倒是蛮好的。但是别忘了，你现在的高层管理者，当他腾出手来，也会把你边缘化，因为他也怕你搞他，从此你在职场里多了一个名号——"搅屎棍"，从此你会被高层管理者利用，而不会被高层管理者重用，繁难的任务利用你，风平浪静时"边缘化"你。所以短期内抗争有一定的好处，但是长期来说不利于职场的发展。

那怎么办呢？

那就是"补位"，辅佐高层管理者。

企业里面还有一些规则，就是组织伦理。在职场中，上下级之间，首先要获得高层管理者的信任，跟领导站在一个跑道上，服从高层管理者，你才能安全地生存，没有生存就没有发展。

生存下来以后，才能在工作中主动补位，辅助高层管理者做出成绩。

比如说，我们经常听到这样的说辞：这个部门是我带出来的，所有的人都是自己一个一个招进来的，他们的技能都是我手把手一点一点培训出来的，所以，没有我就没有今天的这个部门，谁也不要想剥夺我的成绩。

的确这样啊，可是高层管理者反问一句："没有我的支持，没有我的资源配资，仅有你的努力就能成了吗？"在这里，我们不能妄自尊大，自以为了不起，其实组织里面的成就是与大家的努力分不开的。

【案例】

一个培训师朋友告诉我，他也有类似的经历：高层管理者的很多想法和提案都是我的杰作，向他一汇报倒被他据为己有，还经常吹毛求疵说我的问题，把功劳都说成是他的。不仅如此，他还经常打压我，到我的下属那儿去了解情况，做我的"黑材料"，我非常不爽，与他顶了几次。我知道他也缺不了我，我也工作得不快乐，有什么事，我按照职责做，我也警告他不要插手我的部门，就这样耗着。

非常幸运的是，我的越级高层管理者是一个非常有智慧和睿智的人，他找到我，与我交心："虽然你的高层管理者心胸狭窄，能力不够，但它不应成为你与他斗争的理由。他能够坐上这个位置，一定有他的过人之处，即使是有关系，那也是他比你有优势的地方。所以你要带着脑子来上班，不能带着情绪，带情绪就说明你还没有摆脱底层员工的思维做事，你要学习用管理者的思维做事。先让自己安全生存，才能让自己有发展，不然一切都是空谈。你这样耗着，是自己没有能力让自己处于安全地带的表现，我们不能苛求所有的高层管理者都有水平，都有胸怀，即使这样的高层管理者不存在，我也有能力与他协调好关系，这才是正道！"

这样劝解之后，我开始主动跟高层管理者沟通交流自己的想法，主动帮助高层管理者，这样的结果是我成了最熟悉这个部门情况的人，也帮助高层管理者做出了成绩，然后他上调了，我也成功"逆袭"，坐上了他的位置。

而另一个例子则不太成功，我的直接高层管理者看不惯我，而我跟越级高层管理者关系很好，所以我也不怎么服从他的管理，因为觉得反正有靠山，但是没有想到越级高层管理者调走了，新来的这个领导更倚赖我的高层管理者做事，这个时候他很容易找个理由就把我开了，这是满满的教训。

在职场里面，先要找到自己的安全地带，而取得高层管理者的信任，就是建立这样的地带，做这样的安全区，才能施展自己的才能。

如果一个领导宅心仁厚，宽厚待人，什么事情都想得很周到，这样的高层管理者好不好呢？短期来看的确是好事，可是长期来看未必，现在让你很舒服，就像温水煮青蛙，但是也让你无形中失去了锻炼和提升的机会，造成的结果是你只能在他的手下干，其他高层管理者你都不能适应，没有其他的发展空间，反而断送了自己的职场前程。

所以无论遇到什么样的高层管理者都不重要，重要的是，你自己怎么看待，用适合的方法去相处。

误区四：先锋模范，身先士卒

小吕做管理者已经半年了，老是觉得员工不给力，高层管理者找他谈了一次，要求他和员工打成一片，遇到急难险重的任务要身先士卒，起先锋模范带头作用。小吕果然做到了，上班早来，下班晚走，处处起模范带头作用，工作中他最忙碌。令他困惑的是：一开始员工还比较买账，时间一长，员工竟熟视无睹，根本不把他的努力放在眼里，我行我素。员工这是怎么了？小吕这是典型的"劳动模范"。

【案例】

公司老板陈总给我讲了一个他亲身经历的故事：他有两个车间，中间有一条过道很脏，结果两个车间谁也不打扫，老板又希望这个过道干净。陈总准备制定一个制度，安排好值日，备好扫帚、拖把，制定好清扫标准和流程，每天对这个地面进行检查。从管理上来讲，这个地面就应该干净。可是陈总原来是从员工做上来的，他知道这个制度颁发下去，员工会感觉到冷冰冰的，没有人情味，最好能够通过人性化的管理，带动员工打扫就好了。

员工八点上班，七点五十的时候，陈总就在这里打扫卫生，员工都要从这个过道上来上班，员工看到老板亲自打扫卫生，很不好意思，纷纷跟老板讲："您不要扫了，过会我们来扫吧。"陈总坚持扫地，有几个员工拿着扫帚跟在老板后面一起扫，地很快就扫完了，老板心中暗暗高兴。

第二天，陈总依然扫地，发现后面跟着四个人。第三天，后面仍然跟着这四个人。第四天依然是这四个人。陈总心想，根据现代的科学研究测定，让一个人养成习惯，只要坚持二十一天的时间就可以了。我只要坚持打扫二十一天，让他们养成打扫卫生的习惯，我就可以抽身而去，一直由这四个人打扫好了。

可是打扫进入到第五天的时候，情况发生了微妙变化，后面的四个人变成了二个人。到了第六天的时候，二个人也没有了，这天还发生了一个奇怪的事情，陈总打扫卫生，竟看不到一个员工从这个过道上来上班。陈总推开车间门一看：啊，员工已经到齐了，原来员工都从边门进车间了。

陈总坚持扫地，看看还有什么事情会发生。员工从边门进去不方便，又陆陆续续从这个过道上来上班了，可是谁也没有拿起扫帚。

陈总继续坚持，终于有一天，有一个员工过来了，跟陈总有一段对话：

"陈总，早啊！"员工小赵问候。

"呵呵，你早！"陈总应道。

"陈总啊，您看您扫的什么地啊，这边有烟头，这边有纸屑，哈呀，还有灰尘没有扫干净呢！"小赵一边比画，一边半开玩笑地说着。

没等陈总应答，小赵又说开了："陈总啊，这个地是您扫成这个样子的，如果由我们来扫，要是扫成这个样子，不知道会被你骂成什么样子呢！"

陈总愣在那儿，"我起先锋模范带头作用，怎么这个扫地的职责变成我的了，他可以考核我了？"

想要员工做什么，一定是布置工作、检查工作。先锋模范带头作用，只能起着管理的辅助作用，千万不能以此为主要的管理手段。为什么呢？彼得·德鲁克说过说："你的下属绝对不会做你希望的事情，只会做你要求和监督的事情。"

想让员工做什么，一定要有检查，没有检查，往往布置的工作就会化为泡影。

我在企业里面做顾问，通常有干部来问我："戴老师，我这个事情已经说过好多次了，他们为什么不做啊？"说过好多次一次也没有检查，有什么用？我们总是听到干部们说：我希望你上班早一点；希望你按照作业指导书来做；希望你这样；希望你那样……全都会化为泡影，检查至关重要。上完课，总经理经常上来讲话，两种说法，你觉得哪个更靠谱？

• 同志们，今天我们上了一堂生动的管理课程，希望各位同志回去以后，要认真对照自己的管理实际，结合自己的岗位，写一篇体会文章，巩固和加深记忆。

• 同志们，今天我们上了一堂生动的管理课程，我要求各位同志回去以后，要认真对照自己的管理实际，结合自己的岗位，写一篇体会文章，巩固和加深记忆。两天内发送到我的邮箱，如果不写的同志，扣款 50 元。

很明显，连我们自己也会在检查的驱动下实施任务。所以这说明，我们要完成一个任务，需要的不是身先士卒，1930 年，美国质量工程师沃特·阿曼·休哈特发明了 PDS（Plan-Do-See）工作环，他认为，一个工作布置下去，如果失去对工作的检查，做的效果一定不好。

这个理论后来被美国的另一个质量工程师戴明挖掘，并发展成为 PDCA（Plan-Do-Check-Action）。不仅中国的管理存在于检查之中，全世界的管理都通行这个法则。

先要制定标准，然后设计流程，还要规定制度。流程管的是事，制度管的是人，流程是路，制度是墙，所以是先有路后有墙，先有做事的流程，然后才是制度保障；同时要对完成情况进行检查，最后还要给予奖惩。这才是保证工作顺利进行的正确做法。

第二节　任务如何分解

任务从哪儿来

任务的产生属于目标管理的范畴，基本理论和方法是管理学之父彼得·德鲁克（P. Drucker）在 1954 年创立的。他认为：企业的目的和任务，必须转化为目标。企业管理人员应该通过目标对下级进行领导，以保证总目标的实现。每个管理人员和职工的分目标，就是他们对企业总目标的贡献。企业管理人员根据分目标对下级进行考核，并根据目标完成情况和取得成果的大小进行评价和奖惩。实行目标管理，能够充分启发、激励企业全体职工工作的积极性和创造性。有效地提高企业的科学管理水平和经济效益。

目标管理的基本步骤是：目标的制定；目标的实施；完成目标的考核和评价；制定新的目标，开始新的循环。

目标的制定。最好的制定方法，应该是上下共同制定，而不是老板一人拍板决定，即使老板的目标制定得非常合情合理，也还需要下属来完成，说服下属接受目标是一件很难的事情。所以，倒不如与下属共同讨论，共同制定目标。

在共同讨论前，你需要做些准备工作，比如，我们企业所处的市场环境，我们现有的资源，我们的机会和威胁是什么？告诉他们，然后把你的思路和他们进行讨论，你会惊奇地发现：下属的思路其实也非常发散和广阔。等你们把目标确立以后，这个目标就是共同的目标，根本不需要做说服工作了。

我国民营企业常用的业绩目标的制定方法——老板一人拍板决定，各级领导根本没有话语权，开个目标管理誓师大会，层层签订目标责任状。用这种方法制定下年度目标，通常精明的老板考虑的问题有三个方面：其一是爱面子，给同行看，给员工看，借以提升团队士气；其二是给团队加压力；其三是作为克扣员工工资的伏笔。这种情况下，基本没有什么回旋的余地，采用这种方法的企业老板通常也没有指望下属有什么"积极性"。

还有些公司通过讨价还价的方法，由执行层对公司的目标进行讨论还价，双方通过几个回合的博弈，最终确定下来，通常都能表达老板的想法。可是在完成任务时，常常是"两张皮"，你说你的，我做我的。甚至下属会说：我尽量努力就是了，完成不完成，靠天吃饭！采用这种方法的企业老板也没有指望下属有什么"创造性"。

还有些公司用"民主"的方法，由下属各自报指标，最后拼合成一个指标体系，看起来都是下属报的，认为这样他们就有积极性了，其实每个部门都会有所保留。所以，指标根本就是摆设，到最后都成了向老板"要资源""要奖励"的借口。采用这样方法的老板在日常管理里面往往"很被动"。

所以，目标制定也有技术，这就是我们老祖宗讲的"上下同欲者胜"。

目标是高层和下属联结的一个关键指标，中层干部接到目标以后还得做一件事：目标转换成任务，这是中层干部的一个基本功。如果转换得好，员工完成任务之时就是目标完成之时；如果转换得不好，员工辛辛苦苦完成了你分配的任务，可是你的目标依然存在着很大的缺口。所以，目标转换是有技术的。

目标转换的一般步骤是：先找存量指标，即在过去完成的任务里，有哪些可以继续沿袭，用老的方法就可以产生我们想要结果的指标；再找增量指标，即需要新的措施和方法才能产生的结果指标。不管是存量指标还是增量指标，都需要建立"工作流程"，将目标"动作化"，用"批量任务"的方法，要求下属去完成相类似的工作，用"标准化"的方法产生相同的结果，我们管理者才有可能轻松。

所以搭建工作流程又是我们中层管理者的另一任务。

一般来说，任务的到来有三种：

一是高层管理者直接布置任务；

二是自己把高层管理者布置的目标，进行工作分解——目标转换而来；

三是岗位职责设定的工作内容。

完整任务具备的要素

当我们面临任务时，首先要做的不是想如何去完成，而是对任务的本身进行盘点和思考。

有些任务在布置时本身就带有缺陷，我们接到任务后，怎么完成都会有错，所以，我们需要对任务进行盘点，确保在完成时不会产生不断"打补丁"的情况。

我们来看一个例子：

【案例】

有一天，车间主任正在办公室。这时，厂部打来了电话："马上有个重要的客户要来我们工厂验厂。这个大客户是一个董事长，你必须去车间检查一下有没有异常情况。"然后车间主任便前去检查车间。进入车间以后，主任刚走了1/3，便闻到一股臭味。仔细一看，原来是车间的厕所非常脏，地上到处是烟头和纸屑，蹲位里还有污秽没有冲洗干净。主任立刻就去找专门负责打扫卫生的工作人员。但不巧的是，专门负责打扫的人员不在。由于时间比较紧迫，不得已之下，主任只能喊来操作工小王，说："小王，来把厕所清扫一下！一定要打扫干净。"说完以后，主任便开始继续巡查车间。

半小时后，主任巡查完车间，对车间总体情况非常满意，就是厕所有些脏，小王已经在打扫了，便心安理得地回办公室做其他工作。然而，回到办公室才几分钟时间，就有人来报告："大事不好，刚才那位董事长已经来车间看了，就在上厕所的时候，在厕所里摔了一跤！"主任大惊，匆忙赶到厕所。

推开厕所门一看，马上就明白了董事长为什么会跌跟头，原来地上一片连着一片的积水。由于有水，容易滑，客户董事长一个不当心，就跌跟头了。

于是主任把小王找来："为什么这么多水？"

小王："我扫地扫了好多遍，发现有些泥土粘在地上扫不干净，所以特地用水冲了一下，终于把泥土搞干净了！"

小王认为，用水冲地，让地上更干净，水本身并不脏；主任认为，地上有水就是不干净。清扫标准产生了偏差。

主任责怪小王道："就怪你用水冲地面，不然人家董事长也不会摔跟头了！"

主任指着地上的水渍又说："重新弄，把地上搞干了！"

小王迟疑地说："不是蛮干净的吗？"

主任："把水渍清理掉！"

小王顿了一下："水渍弄干了，干到什么程度呢？"

主任想了一想，对的，标准要讲清楚，把在地面上的浮水给拖掉是"干"，让地面看不到水的痕迹也是"干"。主任环顾四周，从手纸篓里抽出一张卫生纸，说："你看，我手一松，卫生纸掉地上了，我用嘴一吹，卫生纸动了，就是'干'，如果卫生纸掉地上，嘴吹着不动，那就是不'干'。"

小王又干开了。

主任就又出去了，但是一想，这个小王不可靠，我得检查检查他，于是立即折返回去了。进到厕所一看，肺都气炸了，厕所的地上铺满了卫生纸。

主任开始呵斥小王："怎么搞的，为什么用卫生纸吸地上的水？"

小王："咦，你不是让我用卫生纸检验地上的水的呢？我正在检验呢！"

主任："检验是我的事，不用你做，你只要把地上弄干就可以了！"

小王嘟哝着："那我怎么弄才能'干'呢？"

主任忽然想起来什么似的："用干拖把拖，拖三遍就干了！"

小王用干拖把拖了三遍，地上终于干净了。

在上面这个案例中，主任布置工作、检查下属、纠正行为有错吗？小王打扫厕所执行有问题吗？企业管理存在什么问题，他们分别错在何处？

在这里，主任布置的任务本身就存在问题，导致小王在执行时没有办法完成。

那么一个完整的任务应该具备哪些基本要素呢？

第一，责任人。也就是任务完成的负责人，一个任务只能有一个责任人，不能有多个责任人，一个人可以完成多个任务，绝对不能多个责任人指向一个任务。不然在完成过程中反而没人负责。

责任人的选定，与布置任务的方法不同，比如下属是个"菜鸟"，我讲的要求、方法要非常具体；下属很成熟，我讲的内容可以粗略一些。

第二，完成标准。要完成的结果描述，需要非常具体，可以测量。比如上面的那个案例主任布置时说"弄干净一点"就是一个没法具体衡量的内容，所以布置时就失败了。因为用了形容词，每个人脑子里面的形容词对应事物理解的标准是不一样的。所以请记住：形容词不能作为任务的标准。可是我们在公司的规章制度里随处都可以找到"形容词"。

比如："下班前十分钟把地面打扫干净""在搬运物料时请小心搬运""桌面要整洁"这些都是不能作为我们中层干部的语言存在的。

这里，作为思考题，请大家自行改正。

第三，资源配置。你给定资源是多少，在哪里可以获取资源，需要你的匹配。不然也有可能用了过量的资源，或者资源无法取得。

上面一个案例里面，主任布置任务时，没有讲"拖把""扫帚""簸箕"等工具的具体位置，有可能导致小王找工具找了很长时间。

第四，边界接口。这个任务的边界是什么，在哪里有接口，也需要讲清楚。什么是边界，就是工作范围。接口就是与外部连接点，需要连接点动作才可以进入下个步骤。

在上面案例中，小王打扫卫生有可能先从天花板做起，而不是清扫地面、蹲坑，所以应该讲清楚工作范围。什么叫接口，比如："小王，你需要把地面清扫干净，先拿个方案让我审批一下！"这个审批就是工作接口，需要在这里被审核。

第五，截止时间。什么时候开始，到什么时候结束。一般而言，任务的时间以紧凑为主，千万不要松散到没有边际，这样往往不能够完成。

在上面的案例里，也没有规定小王在多长的时间段里面完成该项任务。

上面的五项，是任务的最基本的要素，少了这五项内容，任务就不完整。然而，如果任务还具备了以下的内容，则更为完整，但它不是必须项。

●完成任务的方法。如果这个任务完成的方法是明确的，指向完成的结果会非常好。

●重要性。完成这个任务的重要性与员工关联起来，让员工觉得这个任务是他自己的事情，这个任务完成的可能性会加大，比如可以用奖惩等方法激励。

●风险控制。任何事情的完成，都有可能有风险，在企业管理里面也存在着不能完成的风险。这个风险有多大呢？即使这个事情风险产生了，对我的这个工作影响不大，或者虽然大，我可以通过其他补救措施，让事情产生不良后果的影响降到最小。

●营造完成任务的良好氛围。一个干部只会布置任务、检查工作、奖惩部属，是远远不够的，在工作中要学会营造良好完成任务的氛围非常重要。

假如，高层管理者布置给我们的任务缺少了这些要素，我们千万不要说："高层管理者不懂管理，这是高层管理者的错"。其实作为一个优秀的管理者应该在高层管理者没有布置清楚的情况下，问清楚所有要素，补充完整后再接受任务非常重要。

【SMART 原则介绍】

目标管理中有一项原则叫作 SMART，也被用来指导任务的制定，分别由"Specific、Measurable、Attainable、Relevant、Time－based"五个词组组成。所谓 SMART 原则，即是：

●目标必须是明确具体的（Specific）

●目标必须是可以衡量的（Measurable）

●目标必须是可以达到的（Attainable）

●目标必须和其他目标具有相关性（Relevant）

●目标必须具有明确的截止期限（Time-based）

无论是制定团队的工作目标还是员工的绩效目标都必须符合上述原则，五个原则缺一不可。制定的过程也是自身能力不断增长的过程，经理必须和员工一起在不断制定高绩效目标的过程中共同提高绩效能力。

SMART 是确定关键绩效指标的一个重要的原则。

　　无论是制定团队的绩效目标还是部属的工作目标（任务）都必须符合上述原则，五个原则缺一不可。明确来讲：

　　SMART 原则一：S（Specific）——具体性

　　所谓具体就是要用具体的语言清楚地说明要达成的行为标准。明确的目标几乎是所有成功团队的一致特点。很多团队不成功的重要原因之一就是团队成员之间对目标的理解有歧义，或没有将目标有效地传达给相关成员。

　　例如，"减少客户投诉"，这种描述应该修改为"过去客户投诉率是 3%，现在把它减低到 1%"。再如"增强客户意识"，不明确就没有办法评判、衡量，可以修改为：我们将"在月底前把前台收银的速度提升 10%"。

　　SMART 原则二：M（Measurable）——可衡量性

　　如果制定的目标没有办法衡量，就无法判断这个目标是否实现。比方说，高层管理者问："小王，客户搞定了吗？"小王可能这样回答："订单拿下来了！"也可以这样回答："客户不投诉了！"

　　为什么会出现这样的情况？首先问的问题不具体，其次没有衡量的标准。比如，"有没有与 A 部门密切配合？""你是不是认真对待这项工作了？""有没有进一步地开展培训？""员工对旅游是不是满意？"……

　　实施要求：目标的衡量标准遵循"能量化的量化，不能量化的质化——过程步骤标准化"。使制定人与考核人有一个统一的、标准的、清晰的、可度量的标尺，杜绝在目标设置中使用形容词等概念模糊、无法衡量的描述。

　　SMART 原则三：A（Attainable）——可实现性

　　目标是要能够被执行人所接受的，所谓"跳一跳，够得着"。一个简单任务布置给能力超强的人去做，完成人会有轻视的态度；给能力超弱的人去做，由于能力的原因，他连做的欲望都不会有，所以布置任务给部属时应找到能力与任务的复杂程度相当的人去做，这样任务容易完成。所以站在下属的立场思考，是一个非常重要的环节。

"控制式"的领导喜欢自己定目标，然后交给下属去完成，他们不在乎下属的意见和反应，这种做法越来越没有市场。现代社会，员工的知识层次、学历、自己本身的素质，以及他们主张的个性、张扬的程度都远远超出从前。因此，领导者可以更多地吸纳下属来参与目标制定的过程，即便是团队整体的目标。

定目标值，也需要模拟下属思考，不然热情还没点燃就先产生畏惧的念头了。

实施要求：目标设置要坚持员工参与、全方位沟通，使拟定的工作目标在组织及个人之间达成一致。既要使工作内容饱满，也要具有可达性。可以制定出跳起来"摘桃"的目标，不能制定出跳起来"摘星星"的目标。

SMART 原则四：R（Relevant）——相关性

目标的相关性是指实现此目标与其他目标的关联情况。如果实现了这个目标，但对其他的目标完全不相关，或者相关度很低，那这个目标即使达到了，意义也不是很大。

因为毕竟工作目标的设定，是要和岗位职责相关联的，不能跑题。比如一个前台，你让她学点英语以便接电话的时候用得上，这时候提升英语水平和前台接电话的服务质量有关联，即学英语这一目标与提高前台工作水准这一目标直接相关。若你让她去学习六西格玛，就比较跑题了，因为学习六西格玛这一目标与提高前台工作水准这一目标相关度很低。

实施要求：关联两个指标，一是公司的成长型指标，二是个人自我成长型指标，这样做起来就会用心，把你的任务转换为他自己的任务，注意点非常重要。当然，一个大任务中，包含了相互管理的子任务，这些子任务互相依存，相对独立，这是应当的。

SMART 原则五：T（Time-based）——时限性

目标特性的时限性就是指目标是有时间限制的。例如，我将今年年底 12 月 31 日之前完成出书的任务，12 月 31 日就是一个确定的时间限制。没有时间限制的目标没有办法考核，或带来考核的不公。上下级之间对目标轻重缓急的认识程度不同，高层管理者着急，但下面不知道。到头来高层管理者暴跳如雷，而下属觉得委屈。这种没有明确的时间限定的方式也会带来考核的不公正，伤害工作关系，伤害下属的工作热情。

实施要求：目标设置要具有时间限制，根据工作任务的权重、事情的轻重缓急，拟定出完成目标项目的时间要求，定期检查项目的完成进度，及时掌握项目进展的变化情况，以方便对下属进行及时的工作指导，以及根据工作计划的异常情况变化及时地调整工作计划。

总之，无论是制定团队的工作目标，还是员工的绩效目标，都必须符合上述原则，五个原则缺一不可。

如何分解任务

任务分解是管理者的一项基本功。它和目标分解有本质的区别，任务分解是把大的任务拆解成小的任务，把事情切分成相互配合、又相互独立的小的工作计划。这些工作计划的整合，就是任务的本身。目标分解准确地说应该叫"目标转换"，把数字化的目标要求转化成"批量任务"或"单个任务"，任务的目标属性集合起来，与目标本身对应。它是抽象数字转成具体事情的过程。

任务分解就是结构化拆分，它可分为"空间分解"和"功能分解"。

空间分解，是指把大任务切换成小任务。比方"挖渠工程"。分解时把应挖渠道切分成若干小块，然后布置给下属。

"空间分解"可以分为"横向分解"和"纵向分解"。横向是指简单切分，上面所说的"挖渠工程"，就是横向分解典型例子。纵向是指根据时间轴进行切分，比如"值夜班"。把夜班分成每两个小时一段，每人值班 2 个小时。这种分解方法比较简单，有点类似于目标的层层下达。

功能分解，是指按照某种逻辑关系，把任务切分成若干子任务（工作计划）。比如"修理气割机"，可以分解为：①张三去买已损坏的轴承（含标准）；②李四带着小王拆解机器设备，等张三一回来就组织安装；③王五去通知下道工序，与设备相关的产品要到 3 个小时后才能供货；④赵六去办理与维修相关的批准手续……这些子任务的集合就是大的任务本身了，相互之间存在极强的相关性。

【案例】

联桥软件公司接到很多客户针对软件性能不稳定的质量投诉。总经理召集开会，经各部门经理研究发现，这根本不是技术问题，多是由于公司的业务部门对客户使用条件（环境）、使用方法培训不足，客户错误操作造成的。其实业务部门只要按照《联桥业务售后服务流程》来做，至少会降低60%的投诉。

总经理室研究决定，由业务副总牵头，在业务服务领域开展"严格执行《联桥业务售后服务流程》"管理活动。

要求：按照流程要求，只做规定动作，不做自选动作，可以使用适当的经费

时间跨度：5~12 月

我们来看看，分管业务的副总经理，如何分解任务？

在这里，我们提倡一个分解任务的思路——以终为始。即从结果描述开

始，倒着往前推，这样分解出来的工作计划对结果的完成，指向性非常好。

执行后要达成的结果是怎样的，描述一下：

- 员工完全掌握了《联桥业务人员服务流程》

- 员工自动自发做《联桥业务人员服务流程》

- 标准化工具包、乘用工具

- 塑造执行氛围

执行中，需要做哪些工作才能达成上面所描述的结果：

- 开展《联桥业务人员服务流程》培训，并且考核，发上岗证

- 制定了《联桥公司执行业务流程激励办法》

- 成立了"联桥严格执行服务流程管理小组"

- 制定了《工具包、乘用工具标准化》标准，并且得到实施

- 塑造执行氛围

（1）每天推送微信给每个员工

（2）标语制作 20 条

（3）做 2 次服务流程知识竞赛

（4）动员大会 1 次、总结大会 1 次

（5）征集合理化建议

执行前，应该做哪些准备工作呢？

- 普查《联桥业务人员服务流程》，改进——业务部门，10 天

- 培训员工，分批、分组、分知识点进行考核，发上岗证——业务、技术服务、人力部门，15 天

- 成立"联桥严格执行服务流程管理小组"——分管业务副总，7 天

- 建立小组《管理章程》《检查标准、检查流程、公示办法》《联桥公司执行业务流程激励办法》《合理化建议征集建立办法》——小组，10 天

● 制定了《工具包、乘用工具标准化》标准，并且得到实施——技术部，30 天

● 塑造执行氛围

（1）宣传栏制作——行政部，7 天

（2）宣传栏内容公示——小组，每周更新

（3）每天推送微信给每个员工——小组，每天

（4）标语制作 20 条——行政部，7 天

（5）做 2 次服务流程知识竞赛——小组，5 月、9 月各一次

（6）动员大会 1 次、总结大会 1 次——行政部

（7）征集合理化建议——小组，每月

这样详细的分解执行，可以保证任务的实施和效果。

第三节　布置任务的"十要"

任务对象

在一次全球 500 强经理人员大会上，杰克·韦尔奇与同行进行了一次精彩的对话交流。有人说：请您用一句话来概括自己的领导艺术。他回答："让合适的人做合适的工作。"从中足以看到通用公司的用人之道。

布置任务，是中层管理的"大事情"，但它却与任务执行的实际效果、下属的士气大有关系，千万不可忽视，确保找对人。

什么人是对的人？工作职责有他的人，能力与完成的任务难度相互匹配的人，完成该项业务有积极性的人，还有就是中层管理者信任的人。

一项任务要布置得当,第一紧要的就是找对能够出色执行该项任务的人选,所以,布置任务就是调兵遣将,用对人是布置好任务的关键。如何让合适的人做合适的事,是每一个管理者需要认真思考和研究的问题。一般来说,有以下的原则:

- 根据员工的能力(特长),分配与之相匹配的任务;
- 根据员工的责任范围(内行),把恰当的工作分配给他;
- 根据员工的意愿(兴趣),把他想要完成的工作分配给他;
- 根据员工成长需要(锻炼),把高于其能力的任务分配给他。

安凯特公司董事长徐文新说:"在管理上,最重要的任务就是:找到最合适的人去担当某一个职能;把最合适的事情分配给他。"

一般来说,企业关注员工"能做"什么和将要做什么,易忽视"愿意做"什么。"能做"什么是知识和技能决定的,而"愿意做"的因素包括价值观、动机、兴趣和其他个性特征。这就需要中层管理充分发挥员工长处和才智,扬长避短,为员工发挥长处创造条件。

对于员工,即使毛病很多,也要先看长处,充分利用其才干。同时不可忽视"偏才",要将他们拥有的安排到合适的工作岗位上,要懂得扬长避短,要善于通过考评来激发员工的优点,通过运作机制来规避员工的缺点,使负资产变成巨额的利润。

任务名称及内容

对于日常有各种不同工作任务的企业员工来说,中层管理在安排任务的时候最好表明任务的名称,以示区分。任务清晰,才能准确执行。

任务名称的格式应该是动宾结构,即动词+名词。

任务的内容包含了任务的基本要素:

第一，责任人。谁负责该项工作，哪些人做配合。

第二，结果标准。完成后达到的状态，这个状态能够量化考核；有些结果不能数字化，也应该有评价标准。

第三，资源配备。调动资源的权力其实就是授权，规定完成该任务时能够使用多少资源。

第四，边界接口。该任务完成所规定的空间范围，即在哪里做，不能在哪里做；接口是完成任务过程中有哪些点必须与外部勾连。

第五，起止时间。开始时间，结束时间。

任务的完成还有可能附加一些内容，附加的内容让任务更好地转移，更好地完成：

第六，方法。该任务用什么方法去做，不是所有能够完成该任务的方法都可以采用，有很多任务本身就带有体验，所以完成任务的方法也非常重要。

第七，意愿关联。完成了这个任务对完成人有什么显性或隐性的好处，把这样的好处凸显出来，完成人会更加用心。这是把"我的任务"转化为"他的任务"的非常重要的手段。很多干部对此重视程度不够。

第八，正能量氛围。在什么氛围下完成该项工作也是一个重要的因素，营造正能量的工作氛围是每个干部需要研究的工作。这种氛围包含了硬氛围，比如横幅、标语、会议、看板等，还可以包含软氛围，比如，群众对完成该任务的看法（赞赏、无所谓、无聊、唾弃），完成人对完成该任务的感受（兴奋、刺激、无所谓、厌恶），都会对完成任务有着非常重要的影响。这些方面很多干部也不重视。

第九，风险。注意风险的防范，当风险产生时，完成人应该采取什么措施，任务布置人对此有没有补救方案。

第十，检查节点。德鲁克曾经说过：员工只会做管理者检查的事情，而不会做管理者希望做的事情。所以在布置任务时，应该告诉下属何时将进行检查，以引起下属的重视和紧张感，经验证明，一个有检查的任务，比没有检查的任务完成的概率要高出几百倍。哪怕你没有时间检查，你也一定要"号称"将进行检查。

任务量

在分配工作任务的过程中，需要把任务量讲清楚，特别是已经确定了工作方法的任务。

把任务量说清楚就是为了便于考核，所以高层管理者应该就每项工作任务的具体内容、关键成果、完成该项工作任务的关键时间节点要求、质量要求、过程中需要注意的问题、各项工作任务在考核中的权重等与下属进行沟通，双方需要就以上内容达成一致。实际上通过给员工分配月度工作任务，就完成了对员工进行绩效管理的绩效计划阶段。

在布置任务时还应该注意：一是被考核者的工作任务一般不同时超过六项；二是工作任务和相应的权重要匹配，即权重要反映各项工作任务的重要程度。

这个阶段如果应用互联网平台，可以分三步走：一是部门绩效内勤通过分配权限，将部门期间业绩按照部门要求分工分解给部门被考核员工；二是被考核员工通过自助平台在分解后的"考核目标单"基础上对期间"考核目标单"进行完善，比如填写除部门工作任务之外的其他临时工作任务等内容；三是部门领导对所属员工上报的"考核目标单"进行审核，领导在审核界面可以对部门员工"考核目标单"中的内容进行新增、删除、修改，员工按照新的"考核目标单"完成任务。

任务的标准，与前面介绍的 SMART 原则相互一致。即具体的、可衡量、可实现、相关联、时限。

但是有种特殊的标准，即"批量任务"的标准，也叫流程的标准，是岗位职责所规范的，岗位工作标准是对岗位员工职责界定的文件，其作用是通过对岗位员工必须承担的工作内容、企业组织对工作的要求以及职责不履行的问责内容和形式、数量的界定，目的是为岗位员工履行好职责提供一个本人和高层管理者评价的标准和自己履职行为选择的方向，其核心可概括为"明确责任"四个字。

如果把责任和责任承担方式联系在一起，不按流程标准行事就要付出代价，不按流程标准行事的责任事故就可避免，企业也就可以避免损失的发生。为保证企业组织运行不为个别岗位员工的行为和失误所累，必须紧盯过程进行问责，无论其行为是否导致不好的后果，只要背离过程标准要求，就对应问责，让行为者蒙受不按过程标准要求行事的个人利益和价值损失，以起到引导员工调整自己的行为选择以做好工作的作用。

企业进行岗位工作标准体系建设可以把岗位工作标准草案设计任务分配到人，进行技术培训之后就可以设计方案了。方案的讨论、审核、审批程序也同流程图中的讨论、审核、审批步骤相同。不过争论的激烈程度有可能超过流程图讨论，因为岗位工作标准确立之后直接与每个岗位承担者利益相关。

岗位工作标准让员工知道做什么，流程图让员工知道事情怎么做。这是企业管理体系建设的两项基础工作，也是最复杂的工作。没有企业负责人重视不行，没有全体员工参与也不行。

日本工厂以清洁和井然有序著称。通过5S管理方法，他们把严格的秩序观念灌输给工人，特别是管理层。5S方法背后的逻辑是，工作场所的清洁、有序和纪律是生产高质量产品，减少或杜绝浪费，提高生产率的基本要求。5S表示五个日语词汇：seiri（整理），seiton（整顿），seiso（清扫），seiketsu

（清洁），shitsuke（素养）。

5S 管理方法简单有效，通过明确具体做法，什么物品放在哪里、如何放置、数量多少合适、如何标识等，融入到日常工作中，对企业减少浪费、降低成本、增加利润、保障安全立竿见影，能够使产品和服务满足顾客需求，增强企业的竞争力。

推进标准是指整理、整顿、清扫活动中的各种标准，5S 咨询工作也是按标准化执行。如整理活动中的闲置物处理程序、闲置物判定标准，整顿活动中的物品"三定"管理、可视化标识，清扫活动中的清扫标准，安全活动中的安全操作规程、危险源清单、安全标志牌等。想落实上述推进标准，必须要进行检查，检查必须要有依据，这个依据就是检查标准，也可称为维护标准。整理、整顿、清扫的推进标准在一开始就要制订出来，检查标准在清扫阶段进行制订。

标准包括：《5S 管理标准手册》《5S 管理实施办法》《5S 管理检查成果发布程序》《5S 管理检查标准》《改善提案制度》等。

方法

每个项目或任务都有四个主要阶段：策划，制订计划，执行，结果呈现。但是一个想法不能无限地计划或永远执行，在创意或计划阶段花费太多时间会导致想法和激情消失。所以每个阶段平均分配时间，也必须有明确的方法。一旦完成一个阶段便转向下一阶段，以此类推。保持同一节奏会保持前进的势头，确保任何阶段想法都不会消失。

而当管理者安排大型项目的时候，是将它分成稍小一些、可执行、可实现的任务和活动，然后为每块任务分配一个确定的时间段。将大项目分割成小部分进而再分配，这样才能对项目有所掌控，实现起来不那么漫无目的，更容易达成目标。多头目标同样如此，最终得不到结果。

同时开始许多任务或项目，尤其是毫不相关的任务，会使你的脑力和体力都筋疲力尽。如果你手头的项目多到不能承受，极有可能哪个项目你都完成不了。

一次从事一个项目或活动，全神贯注于它，拒绝掉其他任务并说明你的境况，全身心投入从事的任务中。完成手头的任务后再开始下一个。完成任务必须保持精力集中，为确保精力集中并确保最佳表现，须有选择地避开其他分散精力的事情。

在实际工作中，有一种情况叫"插单"，这是经常有的事。"插单"是在一个任务未完成时插入了新需要完成的任务，"插单"不是无限制进行的，很多干部一看事情紧急，马上把任务分配下去，导致下属不仅分配的工作做不好，连先前的工作也会受到严重影响。

前面我们已讲过，一个人可以接受不超过6个的工作项目，同时开展多个工作会影响对项目的关注精力，所以一次"只做一件事"是最有"执行力"的事情，事实上却很难做到，因为干部们本身也不需要亲自去做，只要跟踪检查就是了，所以可以安排多个工作去做。

当出现"插单"的时候，最好把我们当前的工作完成掉，然后再启动新的工作，如果又开展了新的工作，会导致手上的工作需要跟踪，新的事情还需要策划和执行，把整个工作节奏都破掉了，这是很不划算的事情，它其实叫"破单"。

专注于终极目标是我们中层管理者应有的关注点，可是终极目标的完成是由一个一个的小任务、小计划组合而成，千万不能眼高手低，只关注大事，觉得小事太琐碎就不管了，其实有很多小事会误了大事，有些虽然不是终极目标所关注的，但是生活品质、人际关系等的需要，也应该关注，有些大人物正是因为疏忽了琐碎的工作而导致未完成自己的大目标。

生活中就是一些小事汇成了大事，重要的是要把时间有重点地分配到每项任务上，正是中途这些小步骤和目标的实现促成了更大的成就。如果你将每一件小事和达成终极目标联系起来，你甚至能体会到琐碎工作的重要性。

时限

时间管理是中层管理者绕不过去的命题。

在过去的时光里，时间流淌得非常缓慢，人们的生活和工作节奏完全处于"慢时光"的状态，可是现在不行了，有很多人觉得每天 24 小时都不够用，因为事情多了，所以觉得时间紧了。

关于如何在工作、学习这两个领域上进行时间管理，你可以轻而易举地找到非常有参照作用的原则和建议，你不妨根据这些步骤执行或反思自己的时间管理，你将会取得一定的成效。然而，人们在时间管理上的最大误区是对时间管理的目的不清楚。

很多人有如下的认识误区：

第一，每天所做工作都是高层管理者分配的，或者根据岗位职责必须要做的，但很多事情都是随机的，如任务完成过程有很多不确定性，客户提出新的要求……所以，来多少事情，就做多少事情，也不知道什么时候出现这些事情。计划是根本做不了的，因为工作内容都是随机而来的。

这样抱怨的中层管理者还不少，其实这是缺少了对未来的认知、没有目标的表现，所以什么事情都做。当你对未来有了期许，有了非常明确的目标，你就知道，哪些事情与目标是匹配的，我必须做；哪些事情与目标不匹配，我根本无须理睬，它只是看上去重要而已。

这样，你就找得出工作重点，否则你只好"脚踩西瓜皮——滑到哪里算哪里"。

第二，我的时间我根本做不了主，统统被占用了，所以时间没法管理。比如高层管理者给你任务，怎么说也得接吧（服从才是美德）；同事协调工作，总不见得回绝吧（关系才是生产力）；朋友请你帮助，为了人际关系，也得应付一下吧（有面子地生活）；下属有事请示，我应该指导吧（成就下属，就是成就自己）。

乍一听，很有道理，可是一琢磨就知道，这样的人自己没有定力，生怕拒绝别人会引起什么误会，接受请托比拒绝容易得多，所以为了迎合面子的需要，为了满足自己的虚荣心，所有的事情来者不拒，不懂得拒绝。导致自己很忙，时间当然没法管理了。

还有一种情况，就是不懂得拒绝，自己不知道怎么拒绝别人不会得罪人，有很多关于职场沟通的书都讲到一些中国式的技巧和方法，这里不予赘述。

第三，我也知道干活需要专一，所以很想静下来处理一些事先安排好的工作，问题是，突发事件和突然造访的人挡都挡不住，每一件事和每一个人都是我必须应对的，不速之客无法阻挡。这不是我的错，是我所在组织文化不好，下属水平低，老是出状况。

我们很多中层管理者为什么无法掌控时间呢？因为自己的预见性不好，导致异常存在。

问题在完全来到我们面前之前，会有一个孕育时间，可以把问题出现的类型分成四类：

第一，找上门的问题。这种问题出现是突然性的，问题已经造成了，已经对你的工作产生了严重影响，比如：突然有人来报告：设备坏了；员工起冲突了……让你不得不面对，突然插入你现在的工作中来。

第二，感觉到的问题。问题正在孕育阶段，已经初见端倪。比如，设备发生了异响，但是仍然能够生产出合格的产品；小明本来是个性格外向的人，可是近段时间一言不发，工作不在状态……如果中层管理者对这样的事情比较敏感，会把问题解决在萌芽状态，所花费的精力和时间都比较节省。

第三，预见到的问题。什么事情都没有发生，你的经验非常丰富，根据某些迹象，你预见到问题一定会发生，这样的问题称为预见到的问题。比如：

窗户下面堆了一堆材料；

窗户打开着；

天气预报今天下午将有暴雨，届时风力7~8级。

单独来看，哪一个因素都很正常，可是你的经验丰富，立即就预见到下午下雨的时候，材料会被淋湿，立即做了安排，问题便不会发生。

再比如：

小王脾气暴躁；

小王今天犯了个错误，很有普遍性；

今天休班会的时候，我要批评小王，主要是教育其他的员工不犯同样的错误。

单独看也没有问题，可是由于小王脾气暴躁，晚上休班会的时候可能在会上就闹起来，搞得不可开交，会议会受到干扰。于是在开会之前就找小王做了工作，会上可能就不会造成影响。

第四，跳进去的问题。本来什么事也没有，怎么判断都不会产生问题，可是我为了实现自己宏大梦想，故意提高了标准，让问题出现。比如，我们公司的服务提供给客户，客户没有投诉，没有不满，可是为了在市场上争得一席之地，我提高了对客户服务的档次，让我的团队在新的标准下产生了问题。

时间管理在很多地方有可能产生问题。比如，会议久拖不决；文件满桌，需要的资料找不到；不懂授权，自己忙碌不堪。

时间是过去、现在、未来的一条连续线，构成时间的要素是事件，时间管理的目的是对事件的控制。

你要有效地进行时间管理，首先要有一个价值观和信念；其次，必须有一套明确的远期、中期、近期目标；再次，根据目标制定你的长期计划和短期计划，然后分解为年计划、月计划、周计划、日计划；最后，相应的日结果、月结果、年结果以及各结果的反馈和计划的修正。

时间管理与目标设定、目标执行有相辅相成的关系，时间管理与目标管理是不可分的。你的工作、事业、生活等目标中，每个小目标的完成，会让你清楚知道你与大目标的远近，你的每日承诺是你的压力和激励，每日的行动承诺都必须结合你的目标。

在时间管理中，必须学会运用"二八原则"，要让20%的投入产生80%的效益。

重要性

在任务布置时，通常对"清晰表达"有要求，可是为什么要讲重要性呢？

经常我们看到，任务布置下去，责任没有转移，员工认为在替老板工作，所以就像玩猫和老鼠游戏一样，老板在，员工就用心；老板不在，员工就糊弄。

所以布置任务还有一个很重要的事：把"你的任务"转化成"他的任务"。

怎么才能转化呢？把任务完成后的结果"关联"责任人。

关联，就是"完成任务"与他的某个"欲望"挂钩。

在老一代的职场人士字典里，有两件事可以给员工注入活力：一件事是升职，领导一找我谈话说要提拔，这个员工一定会怦然心动，工作表现非常好。另一件事是加薪，提到加薪下属都非常激动，安排他的工作就会靠谱。

可是现在的人，对这两样东西敏感的人少了，开始出现了新的"欲望"点。我们要善于去找这样的欲望点，然后关联他，这样工作布置和完成的把握就比较大。

【案例】

上海某企业，新招进一个员工，这个员工比较阳光，身体健康，技术也不错。可是这个员工有个毛病，上班的时候老喜欢往女人堆里钻，看到哪里有年轻女孩他就到哪里展现他的"妙趣横生"，主管找他："公司有规定凡串岗一次罚款50元，你这个星期已经被抓到4次了，要罚200元。"

谁知这个青工笑嘻嘻地说："没事，尽管罚。"

主管疑惑地问："嗯，为什么？"

青工解释说："不瞒您说，我今年已经28岁了，到现在女朋友还没有找到，本来我还想多玩几年，可是我爸妈来电话说，今年一定要带一个女朋友回家，我这个人很孝顺，既然他们都这样说了，所以就专心找女朋友。我到你的单位来应聘，最主要就是找女朋友的！所以你罚多少钱都无所谓，关键是我的下半生幸福有了。"

主管哭笑不得。

你说继续罚，对他没有效力，控制不住他。罚款不是目的，是手段，怎么才能管住他呢？

分析一下，这个青工的"欲望点"是找女朋友，而且是找准备结婚的女朋友。

如果我们与他的对话进行如下设计，看看效果会怎样？

主管："你这一阶段的主要任务是找女朋友，是吗？"

青工："是的呀，当务之急。"

主管："要找什么样的女朋友呢？我们一起分析一下。"

既然青工比较孝顺，女孩子也一定要孝顺，孝顺的前提是善良，而且会退让、大度，这样女孩肯定还有一个特点——不喜欢攻击。好了，再倒过来分析一下，这样的女孩会看中什么样的男孩呢？

主管开始说："好，通过分析我们知道，这样的女孩一定喜欢善良、积极、体贴、善解人意，不喜欢颓废、消极、另类的男青年。"

主管继续说："如果你的表现比较好，任务完成得好，遵守纪律，我们就经常给你在看板上做宣传，上光荣榜，让别人看起来你非常积极阳光。如果你表现不好，我们就给你上黑榜，曝光你，让别人看起来你是一个颓废、散漫的人。"

主管："你喜欢我们怎么配合你找到心仪的女友呢？"

青工当然想找到心仪的女生。

有时单个任务布置时，也需要关联下属。比如，让你的下属完成一个清扫作业，清扫本来不是他的工作。

你直接关联他："清扫工作做好了，晚上休班会的时候，我表扬你！"或者："清扫工作做好了，给你记20元加班费。"

你也可以间接关联他："清扫工作做好了，客户满意了，会给我们更多的订单，我们的奖金会更多。"

注意事项

任务完成中，总免不了有一些关键点、重要点、易错点，我们在这里提醒员工是非常有意义的。

一次性就把事情做对，比重复返工（返修）更有效率，不仅如此，还更节约成本，更能提升员工的士气。

在布置任务前，先仔细研究任务完成的整个细节，列出注意事项，在布置任务时，逐一确认下属对此是否有关注，让下属增强风险意识。有时，当任务出现了偏差，我们可能还要给定具体的解决方法。

对于生产型企业，最重要的注意事项当然是安全。安全管理有安全管理的属性，它需要员工的作业方法是安全的；需要作业环境是安全的；需要作业时有安全防护措施；当出现安全异常时，会安全撤离或自救；员工的安全意识是清晰的……生产必须安全。

在布置任务时，安全工作的布置不是"大家注意安全"这样模糊的口号，需要具体的内容。比如：

地上刚刚用水冲过，请大家走路时不要跑动；

二号机位正在修理，请绕开安全围栏行走，不要靠近；

三班的物料搬运时请当心，易碎易破，请用培训过的方法搬运……

有一些注意事项还需要事前的演练和学习，不然有可能达不到安全生产的目的。

确认（关闭）

休哈特提出了"计划（plan）—执行（do）—检查（see）"管理模型，后来，戴明在他的基础上进一步完善，变成了"计划（plan）—执行（do）—检查（check）—改善（action）"管理模型。两位大师都对"关闭"非常感兴趣。

这里的"关闭"主要是指"确认理解"，当然完成任务后的"了结"也是"关闭"。

中国的古代文化也非常强调起始和结束的重要性，《弟子规》里"出必告，反必面"说的也是这个道理。一个优秀的人做事总是有始有终，当高层管理者布置一个任务之后，我把他完成了，一般高层管理者会来检查，假如高层管理者没有检查，我们应该主动把结果呈报给高层管理者。这叫"有始有终"。

同样，布置任务本身也是一件事情，如果任务布置下去，没有得到下属的"关闭"，你就不知道下属是不是接受了这个任务，下属在那儿接受你的指令，有可能会点头，可是他的"点头"有两层意思：一是我听懂了，二是我接受了。很明显，上面的两层意思都要做到，可是许多主管在布置完任务之后，大手一挥："各自去吧！"

你根本不能确定下属是不是去着手做了，有可能他去研究一下，最后过来告诉你："我仔细研究过了，这个任务不好做。"

在工作中，高层管理者经常会给你交代一个任务并要你去处理，你也需要与高层管理者有个确认的过程。

比如你通过听和自己的理解，你发现任务本身没有办法完成，那么你在最后的关口，应该与高层管理者有个关闭的过程，这个关闭可能有三种形态：

无条件接受。这个任务给定的资源、时间和接口都没有问题，完全能够做，你就说："主管，保证完成任务。"

有条件接受。这个任务给定的资源、时间和接口在某些点上有问题，需要改变一些条件才能做，你应该说："主管，如果时间能够延长 30 分钟就没问题了。"在这个时候，高层管理者多半会满足你的要求，可是你在接受任务时没有吱声，在完成过程中去向高层管理者请示："主管，能不能再多给半小时？"高层管理者多半会不同意，即使同意，也对你的预见性产生怀疑。

所以在接受任务的开始就与高层管理者"关闭"一下非常重要。

不接受。这个任务根本不能做，你直截了当就回绝，说："主管，我根本没有时间来完成它，我不接这个任务。"虽然高层管理者对你可能有想法，但是当你把道理讲清楚，高层管理者也应该能够理解，反而对你的专业性产生尊重。怕就怕当时不讲，过后在完成过程中，向你的高层管理者摊牌："主管，这个事情做不了了。"高层管理者对你意见一定很大。

奖惩

奖惩是将任务关联员工的另外一种形式，这种形式比较官方和正式。在过去的几十年里，奖惩成为激励的主要手段之一。到目前为止，仍然有不少咨询专家用奖惩来培训企业如何做绩效管理。

"奖惩"是两个字合成的词，即"奖励"和"惩罚"。当员工完成任务时，高层管理者评估完成结果和标准（效果）进行比较，如果符合要求就"奖励"，不符合要求就"惩罚"。

在布置任务时，就应该讲清楚奖惩的多少和奖惩的标准，员工在完成任务时会对这个奖惩"结果"进行评价，他认为这个结果对他吸引力大，那么他在完成时就会全力以赴；反之，会漫不经心。

目前，奖惩依然是企业激励的主要手段，但是这种手段已经越来越失去他的原始功效，因为时代不同了，人们的追求已经多样化，对美好的判断多元化了。

这种多元化，会对企业管理带来很多的改变，比如现在的激励方式有：股权激励、面子文化、情感激励、升职激励、成就感激励等。

激励方法发生了很多变化，这样的变化对我们的管理带来难度，是不是所有的人都要去研究他们的各自追求，然后用不同的方法去激励他们呢？

不是。

在管理学上有个"二八法则"，虽然公司的员工有很多，可是骨干员工仅占总员工人数的20%，一般员工占80%。根据这个原则，我们主要把20%的员工研究透，满足他们的个性化需求，做出不同的激励方案；对于那些面广量大的80%的员工，用同一种方法去管，即"奖惩"，如果这个一般员工没有收到激励的影响，出现了离职或表现一般，也没有关系，关键我已经稳定了那个20%，只要他们存在，公司的管理就会稳定，不至于出现大的波折。

第四节　如何处理冲突

什么叫冲突？冲突是两个以上的主体，对某个事物看法不同，各自采取相对应的方法去行动，造成关系对立，气氛紧张，可能造成损害的状态。

怎么看待冲突，是管理者处理冲突的第一步。管理中难免会出现大小不同的冲突，冲突对管理是有害还是有利呢？

适度的冲突对管理有非常大的好处：

第一，冲突是了解下属间真实想法的一个途径。一般来说，下属在正常状态时，因为人际原因，总是留给对方一些面子，有些不利于团结的话会被包裹起来，但是在冲突发生时，相互之间就会"坦诚相对"，什么话都讲，有些原来隐瞒的问题也有可能显现出来。

第二，冲突是提升个人威信的良好机会。当冲突发生时，下属需要寻求支持，会放下自己，你如果处理公正，下属会很快欣赏你的个人魅力，服从你的管理。不怕冲突，就怕冲突发生，下属不找你处理，找别的高层管理者或者他们认为的"公正人"处理，这才是你应该着急的事情。

第三，冲突可以刺激下属思考和创新。冲突发生时，如果管理者运用得好，完全可以解决平常难以解决的问题。下属的一些被隐藏的潜能也有可能被开发出来。

第四，过分的"团结"，不利于管理者掌控部属，当下属非常"团结"，你去了解信息时大家"众口一词"，集体隐瞒你，这个时候你要当心，可能被架空了。

所以适度的冲突是一件好事。注意，不是指激烈而又有破坏性的冲突。关键问题是，当冲突来临时，我们该怎么去处理它。

沟通

什么叫沟通？沟通是将信息、情感、思想在个体或群体间进行交流，达成共识的过程。

当冲突来临时，如果双方负面情绪还可以控制，作为管理者，我们应该充分了解双方的想法，观点得到充分释放和了解后，我们再做出评价，这是解决问题的前提。不管是批评或者肯定，只要秉持公正、公平的立场就能处理好各方关系，但是在这里要注意，有时为了顾全大局，对的一方可能会受一些委屈，这就需要我们耐心细致的沟通，说清道理，讲明白才能让下属心服口服。

【案例】

检验员小马在检验时检出班组员工小艾生产的产品有重大质量缺陷，按规定该项缺陷发生时，应启动报告程序，由质量、技术、设计等部门联合确认该产品是否报废或返工，否则有"产品性能不稳定"的隐患。

由于检验员小马平时与小艾员工关系不错，便偷偷将此事压下来了，由小艾员工直接返工合格。本来这个事情"神不知鬼不觉"，可是竟然遭到知情人小菲匿名举报。

公司立即组织调查，果然发现举报信所反映问题，对产品重新评审，最终做出"报废"处置，对相关责任人做出严厉处罚：检验员小马罚款1000元，降一级，调离检验员岗位；操作工小艾不按操作规程作业，造成重大损失，还涉嫌弄虚作假，罚款1000元。这个事情在群众中造成很大影响，惩戒了违规行为，也对其他员工树立了典型，教育了员工。

可是这一天，意外的情况发生了！

不知怎么的，小艾和小马发现是小菲举报的，竟然在大庭广众之下两人联合找到小菲，三人发生了口角。

主管找到他们三人，经了解终于明白了，原来小菲与小艾私下里有矛盾，小菲怀恨在心，找到小艾一个破绽，举报了小艾。

在这个事情上，小菲不该公报私仇，打击报复。可是小菲的行为客观上促进了制度的执行，给公司防范质量隐患是有正向作用的，所以主管在这个事情上面就不能批评小菲，还得维护小菲的正当行为，肯定和表扬小菲，鼓励她以后发生类似的事件仍然要举报。

但是，上面只说了充分沟通的一种情形，另外还有一种沟通也非常特殊。

下属有冲突，且不同级别员工之间的冲突。一个小主管与他自己的员工发生了冲突。在这种情况下的沟通本来也好办，假如小主管正确，员工错误，直截了当说明，制止员工的无理取闹，把话说清楚，是没有问题的。问题是，有可能小主管坚持的是错误的，员工倒是对的，这就比较难办。

如果当场公平公正，直接说明了小主管的错误，并且批评了小主管，你会发现，小主管以后在工作上就可能被动，削弱了他在直接下属面前的威信。不批评小主管，高层管理者又没有公正性可言。怎么办呢?

这个时候最好分段处理：一是说明事情的性质，表示你对这个事情的态度。比如，某员工很好，你坚持得很好，你先下去，我找你的主管聊一下。二是你找小主管单独说明缘由，让你的小主管认识到错误的性质和严重性，如果小主管经过充分沟通后理解了事情本身，再和他说下面的事。三是让小主管自己去与下属沟通，自己去道歉，自己去解决这个事情。假如他没有信心，你再出面也不迟。

借力

在化解矛盾冲突的时候，经常需要借助外力，求助于有经验和公正、有威望的人来调解矛盾，化解冲突。

比如，公司小张和小王是好朋友，而这天小张犯错误了，需要对其进行批评教育，但是小张脾气暴躁，有可能当时会忍不住顶撞，不服管教，对大家的影响也不好，而问题比较严重，又必须进行处理，这个时候经理就事先找到小王，告诉他批评教育是为了小张本人好，如果他在接受批评的时候有顶撞的行为，希望小王能及时安抚，这样批评教育工作就能够顺利进行。因为小王是小张的好朋友，有这样一个缓冲，小张也比较能够接受批评，认识到自己的错误。

另外，借助对方比较信服和尊重的人，也可以达到类似的效果。这在现实操作中非常实用，这样做有很多好处，首先是有第三方的立场，更容易让人信服，另外有威望的人本来就有四两拨千斤的优势，更容易对矛盾双方产生有利的影响。调解人的作用是与各方交谈，为讨论问题创造有利的条件，指导各方做出大家都能接受的决定。最后，借力化解冲突还能让自己免于被卷入矛盾旋涡，保持中立立场。

管理之道在于借力，高层主管借基层主管之力，基层主管则借一线员工之力，一线员工则借助机械之力。换言之，管理系统为人力使用系统，再由人力系统使用机械力系统，所以管理工作若失去"人"这一基本要素，将成为一片真空。

用人不是要他们顺从、听话、"跟我合得来"，而是要激励员工的创造热情，使不平凡的人能干不平凡的事，以求最佳绩效。只有人的创造性才能带来实现目标的高效率，而顺从、照办、听话则往往是低效，甚至是负效。人才之"有用"，就在于有主见、有创见、不驯服，敢于向传统、威信甚至是顶头高层管理者挑战，"不好用"无非是不顺从、不听话，但他能打开局面，高效地实现组织目标。"野鸭子的精神就在于野，驯服了的鸭子就不再是野鸭子了。"

借时

当有些矛盾冲突发生的时候，马上处理有可能带来矛盾的激化和情绪化的反应，所以冷处理一下，换个时间，双方都会冷静一些，再来处理就会顺利很多。

【案例】

晓阳是我的下属主管，我是中层管理者。

那个时候，电子结算还没有普及，有时企业进货可以用现金支付，就是先到财务领取现金，然后凭发票回来销账，有时候的现金金额还比较大。

后来有个人来举报，说晓阳违规拿公司的钱做生意。我知道了这件事，那就必须查，因为涉及企业的形象。如果要查出来，需要很多证据，我没有查，用了一个走捷径的方法，最好让他自己承认，自己把经过讲出来最好。

所以，我决定用敲山震虎的方法。

我找到晓阳："晓阳，听说你最近做了一个事情，用公司的钱出去赚钱，赚的钱放在口袋里了，公司的钱还到账户上面了。有没有这回事?"

他默不作声，我继续说："如果有，你先跟我说清楚，免得最后处理起来比较麻烦。如果没有，皆大欢喜。"

他仍然不讲话，我就继续攻心："如果这个事情被查实，你将会受到如下处罚：①没收非法所得；②做出深刻检讨；③对你做出处分；④免去你的职务；⑤调离我的部门。如果做了，早点告诉我，我好有个准备！"

他仍然一言不发，下班了，我回家的时候，发现关门关不上，原来后面有一个人，不是别人，正是晓阳。我放他进来，刚一进门，他就"扑通"往我面前一跪，对我说："戴主任，希望高抬贵手，我到现在还没有女朋友，如果这事传出去，名声就坏了，我就找不到好女孩了，我这辈子就完了。您放我一马吧！"

我看他情绪激动的样子，安抚他说："这样吧，我了解了你的情况，我晚上考虑考虑，想好了明天答复你。你先回去休息，自己也想一下。明天早上到我办公室再聊。"我想现在你的情绪正处于低谷时期，等你缓过劲来，我再找你说也不迟。

第二天，他来我办公室见我，第一句话就说："戴主任，我想了一晚上，这件事不处理肯定过不去，只请您处理的时候别太重。"看起来，经过一晚上的沉淀和深思熟虑，他也很理性地看待这个问题了。从前一晚的求免于处理，到现在请求处理轻一点，这就是借时的好处。

结果是在我的帮助下，他写了深刻的检讨，退回了非法所得，给予警告处分，但是这个处分仅放在档案里，在外人看起来，他基本上没有影响。就这样，化解了这个矛盾。

难得糊涂

"难得糊涂"是清代文学家郑板桥对自己为官之道和人生之路的自嘲，引发了无数古今人的共鸣。它告诫世人，在一些非原则问题上"糊涂"一下，既能提高心理的承受能力，还能避免不必要的精神痛楚和心理困惑。

"糊涂"本是个贬义词，形容人脑子不灵活，但是用在调整心态方面，"糊涂"却能成为你面对周遭境况的"保护膜"。

心理学认为，人人都有趋利避害机制——关注他人的短处，忽略自己的问题。通常，人们会对他人的短处感到反感和厌恶，这可能带来冲突和不快，甚至危及自己的利益。偶尔"糊涂"一下，能够让你处乱不惊，遇烦不忧，以恬淡平和的心境对待生活中的各种紧张事件。

在一个团队中，每个成员的优缺点都不尽相同，你应该主动寻找团队成员积极的品质，并且学习它，让自己的缺点和消极品质在团队合作中被消灭。团队强调的是协同工作，而不仅仅是命令和指示，所以，团队相互包容的工作气氛很重要，它直接影响团队的工作效率。如果团队的每位成员都去主动寻找其他成员的积极品质，包容其弱点，以他人想被对待的方式对待他人，那么团队的协调、合作就会变得很顺畅，团队整体的工作效率就会提高。

所谓"人非圣贤，孰能无过"，讲究的就是"恕人"。当我们面对冲突时，一定要与对方坦诚对待，通过多种手段与其进行积极沟通，把事情真相和自己的观点清楚地展示给对方，让对方理解。否则，如果遮遮掩掩、隐瞒欺骗，则会给对方造成更大的伤害，彼此心存芥蒂，最终不利于冲突的处理。

在解决冲突时，除了要有一个坦诚的态度外，还要有有容乃大的胸襟，做到相互包容。胸宽则能容，能容则众归，众归则财聚，财聚则业兴。胸襟开阔、雍容大度是中华民族的优良传统。古人说："君子坦荡荡，小人长戚戚。"如果处处工于心计、气量狭小，处处流露出小家子气，那么，不但不会取得任何真正的成功，也体会不到任何团队协作的满足与快乐，更不用说能建设性地解决冲突了。

容忍冲突，强调解决方案。冲突与绩效在数学上有一种关系，一个团队完全没有冲突，表明这个团队没有什么绩效，因为没有人敢讲真话。所以，高效团队需要承认冲突之不可避免以及容忍之必需。冲突不可怕，关键是要有丰富的解决冲突的方法，鼓励团队成员创造丰富多样的解决方案，是保持团队内部和谐的有效途径。

第四章　识别大势：怎么顺

第一节　营造正能量

正势

一个企业面对的是一群人，群体自然就会形成一个大势，而企业文化的塑造就是在塑造这个势能。我们先来看这个"势"字，繁体的势分为上、下两部分。上面的繁体部分"埶"意为"在高原上滚球丸"，与下面的"力"联合起来表示"高原上的球丸具有往低地滚动的力"。中国文化中非常重视势，很多词都体现了这一点：势不可当、势不两立、势如破竹、大势已去、势均力敌、顺势而为、逆势而上……

通常所谓的正能量，就是对企业群体的一种正向激励，正能量所带来的积极意义对企业至关重要，因此谋事必先谋势，而正势则是一个企业必须坚持的方向。一个中层管理者最忌讳的是下属把他以前的事情说出来，这是大忌，也是行业的规则，作为一个管理者你要是天天与下级天天称兄道弟那就麻烦了，在这一条例中，我们可以向日本企业学习，在日本企业中具有明显的森严等级制度，上下级之间必须各就各位，管理者在被管理者之间的等级差别很大，这对日本企业在世界所取得的成就有一定的促进作用，还有德国人的严谨与认真，以及中国数千年封建王朝君王与臣子们之间刻意保持距离等。这些鲜活的案例，让人不由得不相信"上下级之间保持距离才能树立权威"这样的观点。因为在制度面前亲情与制度是有冲突的。所谓的人性化它不是人情化，与下属保持一定距离，除了可以树立并维护领导者的权威外，还可以避免在下属之间引起嫉妒、紧张的情绪，可以减少下属对自己的恭维、奉承、行贿等行为。所以如果我们跟下属的关系过于紧密，超过了一定的距离关系，那是很可怕的事情。

【案例】

王琳是一家医药企业市场部总监，负责整个公司的市场运作，最近下属的一名销售员小夏使他感到有些棘手。

小夏业绩突出，工作细致，踏实能干，是每月的销售冠军，公司对他也非常重视，但小夏借着公司对他重视，认为自己与其他同事不一样，开始出现一些违规的行为，如借故不准时来参加月底的销售会议或不准时向公司报考勤。虽然如此，小夏却还是出色完成每月的销售任务，领导和公司也没有对他进行处理。其他同事看在眼里，除向王琳投诉小夏的工作态度外，也声称会效仿他的行为。

后来果然下属模仿小夏，让王琳好一阵难受。不处罚摆不平，处罚也摆不平。

制度面前，尤其是中层管理者，第一，要做到以身作则；第二，下属犯错误时，中层管理者要严格执行制度，在任何的部属面前，你跟谁都是平行线，不能说跟他关系好一点，处罚少一点，我看他不顺眼，处罚就多一点。

在管理中，制度要成为处理关系的天花板，谁也不可逾越。必须先有一个良好的制度维护之后，才能保证管理者一定的权威性。

众势

管理分为对个体的管理和对团对群体的管理，对前者，我们需要了解个人的需求，而对群体的管理，这需要了解一个大势，一个群体自然会形成一种气势。

在管理上，在员工中造势也是经常使用的手段。

【案例】

我去企业上课，为保证听课质量，要求大家手机关机或静音，通常我会宣布："同志们，为保证课堂秩序，请把手机调至震动或关机，有谁手机铃声响了，就做十个俯卧撑。大家说好不好？"大家一定应声说："好！"

但是结果还是有人手机响，如果这时候我说："同志们，这个同志的手机铃声响了，请他上来做俯卧撑！"那人听说要做俯卧撑，完全有可能选择不听课，拿着讲义就离开会场，这个时候我还没有办法。

但是如果我们换一种方式，说："同志们，这个同志手机声音响了，大家说怎么办啊？"

大家一定齐声起哄："做俯卧撑！"

我再喊一声："那好，同志们把掌声送给他！"

那个人基本跑不掉了，因为这么多兄弟都给他掌声，跑掉多没面子啊，算了，把俯卧撑做了吧。既然俯卧撑都已经做了，我也不跟戴老师闹了。

假如，我没有先造势，我就不能借势，这样的效果就不会有。

这个时候我借的是大家的势，是大家的呼声，而不是面对我个人的，这就是借势。而且这个所借之势为众势。

可是下面有个"借势"的案例，问题出在哪里了？

【案例】

一位听我课的车间主任回去也依葫芦画瓢，有员工迟到。

他想到戴老师曾经这样问大家："这个同志的手机响了，怎么办啊？"大家起哄说："做俯卧撑。"

他想，公司的制度早就颁布了，谁都知道迟到要罚款50元，所以他也学着戴老师的方法问："这位同志迟到了，大家说怎么办啊？"本来应该听到这样的说辞："罚50元！"可是我们听到的答案却是："不要处罚，下次我们大家都好迟到！"

什么原因让大家不按照常理出牌？原来规章制度是公司制定的，根本不是员工都认同的，公司制定制度后直接颁布，没有征求员工的意见，所以这个时候的"势"为零，所以借不到"势"。

那么请问大家一个问题：如果在这里车间主任需要借势，当他一说："这个同志迟到了，大家说怎么办啊？"所有的人都起来攻击迟到的同志，应该怎么做？

这个问题留待读者自己揣摩。

连坐

当我们理解了"势"对管理的作用以后，就知道"势"在很多领域里都能适用。"连坐"就是一个典型的例子。

【案例】

我去一个企业做一个现场管理的咨询项目，老板说："趁着这一次戴老师来，我们把车间抽烟的恶习改了吧！"

总经理开会，说："同志们，戴老师来我们公司推行精益生产的项目，乘着这一次把我们员工在车间里抽烟的恶习给改了。下面我宣布：凡发现一个员工在车间抽烟，罚款200元！"

总经理带队检查了几次，车间果然不见人抽烟了。可是总经理下去视察，虽然没有人抽烟，但地上很多烟头，说明了一个问题：很多人偷偷抽烟！

总经理找来车间主任，问："地上这么多烟头，你知道不？"

车间主任做吃惊状："哎呀，我还真不知道，真要命，我马上开会整顿。"

老板看看车间主任，估计他为了讨好部属，有些抽烟的现象被他掩盖掉了，便试探这问："你有没有对抽烟的员工开出罚单？"

车间主任说："没有，真没有，因为我在的时候他们真的没有抽烟。"

老板说："我知道了，你去通知所有的员工来开会！"

车间主任召集来员工，老板在会议上说："同志们，前一段时间禁烟，取得了不小的成绩，谢谢大家的配合。下面我宣布：凡发现一个员工抽烟，罚款200元。凡发现地上有一个烟头，车间主任罚款20元！"

车间主任立即启动行动，找"老烟枪"开会；自己在车间里巡视；罚款单也开出来了。结果车间抽烟状况大为改观。老板下去视察，车间主任过来哭诉："老板，现在我不敢去开会，不敢出去办事，连上厕所都跑步过去。"

老板看看车间主任，对他说："嗯，你辛苦了，去，把大家召集起来，我要开会！"

车间主任再一次把车间员工召集起来，老板说："同志们，车间抽烟的情况在车间主任的强势推动下，取得了阶段性的成果，但是地上仍然有少量烟头。下面我宣布：凡一个员工抽烟，罚款 200 元；凡发现地上有一根烟头，车间主任罚 20 元，每个员工罚 5 元钱！"

有的员工抗议，特别是女员工，说："老板，我们又不抽烟，为什么罚我们？"

老板说："我的地盘我做主，我的区域我负责，现在连你的地盘都没有看好，还让别人把烟头扔进你的领地，说明你的工作也没有做到家。"

从此，员工之间互相监督，再也没有人在车间抽烟了。

权势

在职场中，高层管理者天生就是我们的后台老板，因为我们的成绩就是高层管理者的成绩，我们中层是在接受上级的委托，行使管理职能，所以我们可以在有些时候使用高层管理者的权威来进行管理。

正常的时候，按公司制度进行处分是没有问题的，但是对于更智慧的管理者会体察到员工心理，在有可能遇到情绪化的时候，让制度软着陆变得更人性化，不伤害员工的工作积极性。

【案例】

小李犯了个错误，性质很严重，按照规定要罚款 500 元，如果我直接去找他说："小李，你犯了个错误，性质很严重，按规定应该处罚 500 元，所以我宣布罚你 500 元！"这个时候，下属多半对你有意见，跟你闹起来。

但是我没有这样做，而是先找到我的高层管理者去报告："钦总，小李犯了个错误，性质很严重，需要罚款 500 元，你看这事……"

钦总说："这个事情按照制度来！"我应承道："我知道了。"

我找来小李："小李，今天你犯了个错误，性质很严重，按照公司的规章制度，应该罚款500元。我刚才和王总请示了一下，王总认为必须罚，我也这么认为，所以这个罚款你还得承担，以后咱们不犯了，就不罚了，以后注意。"

小李想跟我顶，可是我的后面还站着一个人——王总，他就会知道，不要把鸡蛋往石头上撞，小李也就认了。

这就是借权势的功效。

问题是，有些干部很聪明，借权势会把自己给借进去。

【案例】

小李犯了个错误，性质很严重，按照规定要罚款500元，如果我直接去找他说："小李，你犯了个错误，性质很严重，按规定应该处罚500元，所以我宣布罚你500元！"这个时候，下属多半对你有意见，跟你闹起来。

但是我没有这样做，而是先找到我的高层管理者去报告："钦总，小李犯了个错误，性质很严重，需要罚款500元，你看这事……"

钦总说："这个事情按照制度来！"我应承道："我知道了。"

我找来小李："小李，今天你犯了个错误，性质很严重，按照公司的规章制度，应该罚款500元。我刚才和王总请示了一下，王总认为必须罚，我本来不想罚你的，可是王总坚决要罚，我也没有办法，我还被王总批评了。所以这个罚款你还得承担，以后咱们不犯了，就不罚了，以后注意。"

这个事情能不能罚下去呢，也能，而且下属小李有可能还会对我心存感激。好不好？肯定不好。

你把高层管理者出卖了，你以为下属会敬重你，可是下属心里有杆秤，知道你的虚伪，虽然表面上感谢你，心底里却在鄙视你。

第二节 表扬与批评的艺术

表扬的原则

我们中国人受传统文化的影响，比较含蓄，不习惯赞美别人，把对别人的赞美埋在心底，其实这个想法是错误的，赞美带给别人的进步是非常大的。如果把表扬赞美运用到企业管理中，就是人们常说的"零成本激励"。作为领导，首先应该明白自己员工的心理，其次应该学会赞美下属。做到这些，其实是很不容易的，对员工表示赞扬应该达到如下的效果：鼓励他们带来信心和自尊的增强，表扬积极工作的行为，奖励他们的努力和成就，打造源于内心的动力和热情。但是为达到这个效果，还有一些原则需要遵守。

即时表扬

员工也是普通人，只要是人就爱听好听的话，你我都是一样的，所以领导者不能吝啬你的赞美。员工做出成绩后，想得到第一时间的称赞，如果因为领导工作很忙，一个星期后想起来了，表扬几句，从激励的角度来讲，基本没有效果。

对员工的表扬要及时。如果员工工作有了一些创新，工作有了新突破，做了一些突出的事迹，为了很好地起到激励效果，表扬一定要及时跟上，让员工感觉到公司的重视和信任，千万不要等到过了一段时间再来总结表彰，有的领导认为到年终的时候一起表扬，或者开大会再表扬，攒到一起表扬，效果会大打折扣。

除非重大影响，个别表扬

每个人都好面子，喜欢被别人称赞表扬。如果员工真的做出了成绩，表扬应该在公司通报表彰，让大家学习先进，让员工得到大家赞赏的目光，如果员工做出的工作给公司确实带来好处，应该对员工提出正式表彰，并将表彰记录在案，重大表彰应存入员工档案，让员工对公司的认同感增强。

是不是要公开表扬，需要分情况、分场合，不能一概而论。有时你表扬了一个人，却打击了一大片，这种情况下，当事人也不会觉得受到表扬是一件多么光彩的事，表扬反而起到了消极的影响。公开表扬应多注重团体的价值和行为，以提升团体的能力和合作精神，团队始终应该是我们关注的焦点和方向。所以，公开表扬要讲究技巧，以表扬事来表扬人，以表扬个人来表扬团队。

在大多数职场中，表扬引发的嫉妒大多是恶性的。即便某人确实值得表扬，这种表扬也只有在得到其他同事认同的情况下才能产生良性效果。但通常情况下，对一名员工的表扬很难都得到其他同事的认同，这就是人性。

其实，在工作中每发现值得表扬的地方，当场表扬下属也是可行的，不需要每件事都大张旗鼓的表扬。

表扬的形式

走出你的办公室，随时随地发现一些员工的小贡献，进行表扬。这与我们上面说的公开表扬不是一回事，这更像是"见面打招呼"。让表扬更加亲切、及时和具体，也更加有感染力。

不要总是端着架子，板着面孔，经常去一线走一走，哪里有辛苦劳作的下属，就到哪里去，哪怕是一声问候也是莫大的激励。比如，拍拍下属的肩，对下属的一些值得鼓励的行为和表现给予当面的赞许，温和的眼神，一个赞许的微笑，也可以问候一下下属的家庭和生活情况等。

这些，都是表扬。

该做的事情不要表扬

表扬的潜台词其实是暗示这个行为很难得，所以做了要表扬。而对于那些分内之事，是不需要也不应该表扬的。

假定你表扬张三："张三不错的，我到本部门三个月发现他从来没有迟到早退。"

张三就在想："嗯，我准时上班还得到了表扬，看来迟到一下也不要紧。"

又比如，表扬李四："李四不错的，领导布置的任务基本上件件落实。"那是公然号召大家不落实任务。

因此中层管理者应该注意把握表扬的分寸，不能什么事都表扬。

批评的原则

批评下属是一件不太轻松也不容易的事情。但是，谁都会犯错误，批评也是一种必需的领导艺术。如果管理者不懂得如何批评下属，就有可能降低部门的工作效率，甚至影响整个团队的工作情绪。因此，作为领导者必须掌握一些必要而又有效的批评技巧。

不要当众批评

中国人向来都是非常爱面子的，如果领导在公开场合批评员工就会使员工感觉很没面子，也许员工会对领导怀恨在心，关系紧张。

其实员工在听取领导对其批评时，更多的是关注同事对自己看法和反应，如果你的批评员工不认同，你的批评就没有效力。

我们也常常能够见到很多领导会在会上点名批评员工，如果不是塑造正能量的需要，也无须让大家在里面汲取教训，完全不必在大庭广众下批评该员工。

曾国藩曾经说过这样一句话："扬善于公堂，规过于私室。"意思是在公开场合表扬人，在私密场合批评人，会给人带来舒适感。

比如，你开会时说："张三这个同志为我们这次新产品上马立下了汗马功劳，对此我们对张三予以表扬，希望他再接再厉，为公司做出更大贡献！"表扬完了，你说："张三，会后到我办公室来一下！"

到了办公室，你劈头盖脸批评他，说他不会沟通，把某个事情给搞砸了。

虽然你的批评很严厉，张三一定会接受。因为在公众场合给他面子，现在私下的批评让他更受用。

"三明治"法

有时候一些错误是要公开批评、让大家引以为戒的，这个时候的批评就需要"三明治"法。

"三明治"法的句式是"表扬+批评+鼓励"，将批评融汇在表扬之中，不仅符合人性心理，也符合我们的行为特征。

你批评张三："张三这个同志，为我们的新产品上马立下了汗马功劳，对此，我们对张三予以表扬。但是张三在今天的客户见面会上，不顾客户的感受，好表现，让客户不耐烦了，对此我们要提出批评，我对此很不满意。希望张三在今后的工作中戒骄戒躁，改掉好表现的毛病。"

这样，你看到了张三的成绩，也指出了他的财务，张三也会很受用。

无论是作为管理者还是下属，我们都免不了接受别人的批评，也会去批评别人，但是，无论是批评别人，还是接受别人的批评，用"三明治"法是最为普遍，又能被对方接受的方法。

对事不对人

有时候，我们会遇到如下的情况。小张犯的错误非常严重，我非常生气，如果在会上先表扬，会冲淡了对小张批评的"火药味"，导致大家不予重视，所以，我一张嘴就批评，行不行呢？当然行！

但是在批评的时候需要注意方法：对事不对人。

给出一个句式："事件客观描述+分析得出结论+我的感受+处罚决定+鼓励"。

（客观描述）小张今天在搬运 A 物料时，掉下来两个物料，造成破碎，损失两千元——客观描述。

（分析得出结论）为什么会掉下来两个物料呢？小张曾经经过搬运 A 物料的培训，经过考核通过的；小张已经无数次搬运过 A 物料了，都没有出问题；今天的 A 物料和过去没有两样，路径、车辆也都一样，只能说明一个问题：小张今天马虎了。

（我的感受）我对此不能接受，简直太不像话了，以后绝不能再犯类似的错误。

（处罚决定）根据公司的有关规定，要对小张处以 10%的罚款，现在我宣布：罚款小张 200 元。

（鼓励）希望小张在今后的工作中，改掉"马马虎虎"的坏毛病。其实小张的其他方面还是比较出色的，望小张发扬成绩，改正缺点，为新员工树立榜样。

有态度

中层领导不好当，指责和批评下属时很容易就"伤"了员工的自尊心。

可是批评一定得有态度，自己的态度，千万不能不带情绪地批评，一点力度也没有。

所以，有些领导对下属的错误抱着"多一事不如少一事"的心态，睁一只眼闭一只眼，能不说就不说，这也是要不得的。长此以往，等到公司人心涣散，秩序大乱，你再想"亡羊补牢"，那就"为时已晚"了。批评员工，要有态度，表明自己的态度与公司的处罚是一致的，这样才能形成正能量。

作为管理人员经常会听到来自员工的"小报告"，比如"××在上班时间经常和同事聊天打闹"等。有一些领导不问青红皂白上来就批评表现不好的员工。其实，最理智、最有效的做法应该是先不动声色，装作什么事情也没有发生。经过深入了解后，再进行处理。作为管理者，要有自己看问题的角度，不能听风就是雨，问清楚，然后秉公处理，这样才能服众。

第三节　苗头事件夸大处理法

邓小平：慈不掌兵

邓小平经常说："慈不掌兵！"

【案例】

1947年9月邓小平在大别山白雀园召开了领导干部纪律要求会议，再次重申严明纪律，发动群众。要求部队和村民约法三章，用枪托打老百姓者枪毙，抢掠民财者枪毙，强奸妇女者枪毙。会议结束没两天，就发生了一件让人痛心疾首的事情。邓小平的警卫连副连长在店主不在店里的情况下，闯入店内拿了一匹花布、一捆粉条和一些纸。

大家不禁好奇警卫连副连长要这些东西干什么用？说起这事也让人心生怜悯，原来部队里几位战士的被子破了洞，棉花都漏了出来，副连长准备给他们缝缝补补好过冬，这些粉条是刘伯承爱吃的，纸就拿了两张是给战士们办宣传报用的。

当邓小平和刘伯承得知这件事后，都十分难过，心中也是痛苦不已，这位战士拿这些物品并不是占为己有，而是为大家着想。后来，邓小平含着眼泪说："军令如山，按约法三章办，枪毙副连长。"随后举行了公判大会。

店铺的老板哭着跪地求饶，给战士留条活路，乡亲们得知这件事后，也纷纷赶来请求刀下留人。邓小平坚定地说："执行军法。"

邓小平在事后和大家一起分析：在大别山的时候，我们号称是子弟兵，能够保护老百姓。可是国民党兵和我们拉锯，他们来我们走，我们来他们走。老百姓不会理解战略部署，只看到来来回回，怕我们站不稳脚跟，我们哪里有保护老百姓的样子？如果再不检点，还拿老百姓的东西，老百姓就会怀疑我们，就会不拥护我们，当我们来了，老百姓可能有人去国民党兵那儿去告状，我们就会受到国民党兵的围剿，我们就会被迫打很多仗，也会死很多人。这个战士被正法以后，老百姓非常拥护我们，从来没有一个老百姓去国民党兵那儿告状，反而把国民党兵的一些活动情报提供给我们，我们那时候少打了很多仗，少死了很多人。

虽然一个士兵的性命和那些东西比较起来似乎不能画等号，可是这个是"苗头事件"，在这个事情上做些文章，可以树立一种"势"，一种氛围，用一件事的处理办法来换取大家的内心认同，也是管理的一个技巧。后来，军队里多了一个口号："老乡不在家，进门就犯法。"

这件事在当时造成了极大的轰动，全军遵纪守法，军纪严明，再也没有出现过类似的事情了。当地的百姓也是对刘邓大军另眼相看赢得了民心，渐渐地村民开始帮助野战军转送情报，运送粮食，缝补衣物，从此刘邓大军扎根在人民群众之中。

光头服务员

【案例】

某饭店为了扭转生意冷清的局面，想到一个点子，就是要求女服务员都剃成光头，进而吸引顾客上门就餐。但是问题出在，女服务员都不愿意剃光头，甚至说让剃光头就不干了。于是老板公布了一张榜：第一位愿意剃光头上岗服务的员工，奖励6000元并赠送假发套，价值3000元。

布告发出来，一天过去了，两天过去了，没有人来揭榜；一周过去了，两周过去了，仍然没有人来揭榜……到了第二个月的时候，有个女服务员来问老板："那个榜还作数不？"

老板一听，忙说："作数，作数！"

女员工揭下布告，说："待我去剃光头吧！"

老板心生狐疑："你怎么……"

女员工笑了："你知道吗？苹果新手机出来了，我卖个头发有什么稀奇的！"

老板明白了，立即带她去剃了光头，奖励了6000元，还给她买了个假发套。

上班的时候大家觉得怪怪的，可是下班后，女员工把假发套一戴，非常飘逸，一点看不出，关键的是，人家的手里还多了个苹果手机，很潇洒。

马上就有了示范作用，下面又有女员工来找老板，要拿6000元。可是老板说："没有啦！前面的女员工已经起了示范作用，客人开始因为好奇上客了，你要剃光头，只有3000元，但假发套还是有的！"

后来的女员工想想，3000元也好啊，剃吧！于是第二个光头女服务员有了。因为他们的示范作用，客人像欣赏景物一样纷至沓来，两位的奖金也比其他人多。

后面更多的女服务员要剃光头，老板开会："鉴于效果已经显现，生意大增，所以以后我们饭店招收服务员的要求之一就是剃光头。你们爱剃不剃，现在愿意剃光头的服务员仅100元剃头费，假发套还是有的。"

大家没有办法，也不想走，因为饭店里营业员收入比其他饭店高出50%，纷纷剃了光头。

第一个人花费了"巨资"，一旦"势"已经形成，后面耗费的就少了许多。

第四节　参与管理

让员工参与管理

有一些干部总是喜欢自己决策，自己制定并颁布制度，这样显得有威风，可是越这样显示威风的干部，最后越没有威信。

有一种现象，叫"栽花效应"，说的是人们总是偏爱自己栽种出来的鲜花。比如，小孩子玩DIY陶艺制作，制作出来的陶艺非常粗糙，跟买的陶器根本没法比较，但是小孩子喜欢，把他自己制作的陶器放在自己房间里很久都不愿意撤去。

员工也是这样，如果征集了员工智慧，让员工参与了管理的内容，员工也比较愿意遵守，比你下达的制度，更容易执行。

【案例】

江苏安凯特公司要实施5S管理，经过第一轮的整理，所有的物品要定置摆放。5S管理小组在业务部门的协助下，确定好物流，划定好区域，就开始岗位物品定置。

一车间的主任比较强势，三天就完成了该项定置，由车间统一规定，每天对规定放置的物品进行检查，车间看上去非常整洁。

二车间的主任比较民主，要求每个岗位的员工对物品的摆放提出自己的见解，主任规定了摆放的四原则——"常近少远、方便快捷、安全可靠、美观大方"，每个岗位定置完了，就组织车间5S小组验收。验收过程非常繁复，因为每个人都坚持自己的观点，但是这个主任非常有耐心，他把验收确认的现场分成三种验收：确认验收（同意员工的摆放）、说服验收（建议员工修改摆放方法）、强制验收（规定员工必须按照车间规定）。现场做了大量说服的工作，非不得已，才采用强制验收的手段。经过三周的时间才完全确定。

经过一段时间的沉淀，我们惊奇地发现，二车间的物品摆放坚持得最好，员工都非常自觉遵守定置管理的规定，干部现场检查的频次也不多，稍加提醒，员工立即遵从执行。可是一车间的摆放难以持久，干部的花费在检查上的力度也很大。干部说员工没有执行力，没有服从大局的意识，素养太低；员工说干部搞形式主义，不懂管理。

虽然我们知道怎么做是最好的，但是员工不从心底里赞同的你的做法，你的管理也不能落地。

会让员工参与进来做管理，也是管理者必须掌握的一项技能。

统一思想

根据上面的管理思想，让员工参与进来，是一种非常好的管理形式。

在这里，参与管理有三种形态：

第一，我知道怎么做，但是员工不知道。如果我的思路不先呈现出来，引导员工讨论，当员工的思路接近你的思路时，你肯定他们："你们说得太棒了，就按照你们的方法做!"如果能够做成这样，员工会认为自己是思想的贡献者，做的时候会不断完善和克服障碍。

第二，我知道一个框架，需要员工来补充内容。这个时候，我们当然要组织员工进行讨论，我们可以虚心地把你的想法告诉大家，请教各位有没有更好的想法，确定了这种想法后，应该从哪些方面完善该项内容，员工非常欣喜地提供建议，得到你的采纳，其实就是得到你的肯定和褒扬，不仅会塑造你的威信，也会让你收获方案。

第三，我不知道怎么做，员工也不知道怎么做。这个时候，我们应该把完成任务的标准先公布出来，进行预讨论，再约时集中意见，集思广益，征得更多的想法。

不管是以上哪种形态，我们都需要做一件事：让员工参与进来。这个参与进来的目的有三个：

第一，集思广益。收获大家的想法，让你的方案更完善。

第二，提高你的威信。通过会议，让我们的干部在群众中有影响力。有些干部说，开会是浪费时间，一般不要开会。我曾经研究过，一个善于开会的干部，比不太善于开会的干部更有号召力，会议的仪式感本来就是让干部有影响力的组成部分，所以一定要开会。但也不是开越多的会议，影响力越大，这里讲的是善于开会。

第三，统一思想。当我们组织了员工讨论了方案，员工对它就有了感情，方案不可能照顾到方方面面，总是有这样或那样的问题，当我们的方案有瑕疵时，难免会有人说三道四，指手画脚，凡是参加会议的人，都是宣传员，都是解释者，他们会站出来说："这个方案在讨论时已经考虑过你说的内容了，其实你说的那个方法也存在很多问题！"这样就军心稳定，没有不和谐发生。

一般来说，一个方案的产生，会有三个阶段：

第一阶段：确定任务的标准。即完成这个事情的结果是什么样的，需要用一些具体的数字来呈现。

第二阶段：策划。策划有两个步骤，第一找到更多完成任务的方法（策略），第二决策哪种更合适。

第三阶段：制订方案。把确定的策略进行完善并进行计划的修订，打磨细节。

第五章 管理革命：怎么管

第一节 个人思想与团队凝聚力

了解人性

提高管理技巧的第一步是：正确地了解人和人性。

了解人和人性可简单概括为——"按照人们的本质认同他们"，"不要把自己的意志强加于别人。"

人首先是对自己感兴趣，而不是对别人感兴趣！换句话说，一个人关注自己胜过关注别人一万倍。

在管理上，哪些人性我们需要关注呢？

第一，人们总是对自己的未来充满期待和遐想。人们总是憧憬着未来，如果没有未来，是一件很可怕的事情。

基于未来与员工建立起共同愿景非常重要，这是管理者领导下属的一个基础功课。

【案例】

江苏安凯特管理的成功之处，其中之一就是建立起大家共同认同的愿景。

十多年前，企业刚刚成立，业务要跑，生产要跟上，内部管理还处于萌芽状态，很多流程和制度都不成体系，但是董事长徐文新清楚地意识到，企业虽然是他投资创办的，但是一旦建立起来，就是大家的共享平台。

所以董事长徐文新没有因为是自己的企业而颐指气使，相反，他和大家共同讨论，企业应该如何发展，市场应该怎样开拓，未来安凯特的定位应该怎样，赚钱了应该怎样奖励……因此赢得所有人对企业的忠诚，无须号召每个人主动补位，从来没有推诿扯皮的现象发生，除非能力有限，预见性不足，可能造成影响，徐总多次在企业的关键关口，与员工们一起讨论——"我们的企业应该是什么样子？""目前我们的企业处于什么阶段？""未来我们为企业要做什么样的准备？"……

徐总说："当我们错过太阳的时候，不要心灰意冷，我们要守住希望，因为还有月亮和星星。失去月亮和星星也不可怕，因为明天我们还有新一轮的太阳。联瑞在发展中也错失过一些机会，但是机会一直都有，关键你为它做了哪些准备？"

现在公司销售每年以40%的速度在发展，净利润每年以35%的速度在飞速增长。公司与高等院校合作开发了多个新项目，预计未来几年的发展还会加快。

正如阿基米德说："你给我一个支点，我可以撬动整个地球。"徐总给到了这样的支点，员工让企业撬入高速发展的快车道。

第二，梳理个人目标，让个人目标与企业目标相关联。

企业有企业自身运营的规律，企业的目标是根据企业的战略地图，企业的优势和劣势，企业的机会和威胁来设计企业目标的。可是每个人也有自己的目标，当个人目标与企业目标相一致的时候，员工和企业就能共同发展，共同提高。

问题是，个人目标与企业目标不可能完全融合，作为管理者首先要认同企业目标，并且把个人目标和企业发展挂钩。这样你才可能成为好的干部；其次当管理者已经认同企业目标，并且关联了企业目标，就要充分了解下属，也让下属与企业的目标挂钩，这样才能形成合力。

可是我们在小的时候，通常被要求要听父母、老师的话，导致很多人没有目标，或者目标是别人输入的，根本不是根据自己的意愿设立的。

在这个时候，我们需要帮助员工寻找价值观，找到员工的愿景所在，再来关联企业的发展。

如果员工不认同企业的发展，不管这个员工有多优秀，终究不会成为公司的核心员工。

第三，趋利避害，是人类的通行法则，让员工安全地工作是我们的责任。

人们追求美好的步伐从来没有停止过，这个"利"不完全是金钱，他还应该包括生活质量、被尊重、个人喜好、控制欲等，所以为员工"趋利"有很多种方法。

【案例】

江阴友利特的老总钦建华自己很会享受生活，而且他还具有宽广的胸怀，愿意为员工创造良好的工作环境，让员工在企业里受到充分的尊重。

在车间夏天比较热，在车间安装了空调，提供热饮、冷饮，专门建了茶吧，员工累了、乏了都可以在其中休息，还提供了茶叶蛋、玉米、西瓜等吃食。食堂的大厨经常与员工讨论菜谱，为员工提供可口的饭菜。

员工离职率非常低，很多外面的员工参观后都想在这个企业谋一个职位，因为他们充分尊重人，让员工更有尊严的生活。

第四，关注员工的工资、福利等。

有欲望的人好管理

我经常在课堂上问这样一个问题："从管理的角度来讲，是自私的人容易管理，还是无欲无求、愿意奉献的人容易管理？"

答案是显而易见的，自私的人好管。为什么？因为自私，抓住自私点就可以要求他，但是无欲无求的人你抓不住他，想要求他干什么时，无法用关联自私的方法去管他。

其实所谓的自私就是欲望点，过去人的欲望点就是升官发财，现在人的欲望点发生了变化，因为追求多元化了。

人性总是有欲望的，抓住人性，就容易实施管理了。

最有影响力的是需求层次理论，由美国心理学家亚伯拉罕·马斯洛在1943年在《人类激励理论》中所提出。书中将人类需求像阶梯一样从低到高按层次分为五种，分别是：生理需求、安全需求、社交需求、尊重需求和自我实现需求。

生理需求

生理需求也称级别最低、最具优势的需求，如食物、水、空气、健康、睡眠、呼吸。

如果这些最基本的生存需求得不到满足，人类个人的生理机能就无法正常运转。换而言之，人类的生命就会因此受到威胁。在这个意义上说，生理需求是推动人们行动最首要的动力。马斯洛认为，只有这些最基本的需求满足到维持生存所必需的程度后，其他的需要才能成为新的激励因素，而到了此时，这些已相对满足的需要也就不再成为激励因素了。

未满足特征：什么都不想，只想让自己活下去，思考能力、道德观明显变得脆弱。例如，当一个人极需食物时，会不择手段地抢夺食物。人民在战乱时，是不会排队领面包的。

激励措施：增加工资，改善劳动条件，给予更多的业余时间和工间休息，提高福利待遇。

安全需求

安全需求同样属于低级别的需求，其中包括人身安全、家庭安全、财产所有、生活稳定、工作职位保障、健康保障以及免遭痛苦、威胁或疾病等。

马斯洛认为，整个有机体是一个追求安全的机制，人的感受器官、效应器官、智能和其他能量主要是寻求安全的工具，甚至可以把科学和人生观都看成是满足安全需要的一部分。当然，当这种需要一旦相对满足后，也就不再成为激励因素了。

缺乏安全感的特征：感觉自己受到身边事物的威胁，觉得这世界是不公平或是危险的，紧张、彷徨不安，认为一切事物都是"恶"的。例如，一个孩子，在学校被同学欺负、受到老师不公平的对待，而开始变得不相信这社会，变得不敢表现自己、不敢拥有社交生活（因为他认为社交是危险的），而借此来保护自身安全。一个成人，工作不顺利，薪水微薄，养不起家人，而变的自暴自弃，每天利用喝酒，吸烟来寻找短暂的安逸感。

激励措施：强调规章制度、职业保障、福利待遇，并保护员工不失业，提供医疗保险、失业保险和退休福利、避免员工收到双重的指令而混乱。

社交需求

这是较高层次的需求，如对友谊、爱情以及隶属关系的需求。有些极度缺乏社交的人会因为没有感受到身边人的关怀，而认为自己没有活在这世界上的价值。这些需求如果得不到满足，就会影响员工的精神，导致高缺勤率、低生产率、对工作不满及情绪低落。例如，一个没有受到父母关怀的青少年，认为自己在家庭中没有价值，所以在学校交朋友，无视道德观和理性地积极地寻找朋友或是同类。譬如，青少年为了让自己融入社交圈中，而忽略了基本的交友原则。

激励措施：提供同事间社交往来机会，支持与赞许员工寻找及建立和谐温馨的人际关系，开展有组织的体育比赛和集体聚会。

尊重需求

这个是较高层次的需求，如成就、名声、地位和晋升机会等。尊重需求既包括对成就或自我价值的个人感觉，也包括他人对自己的认可与尊重。缺乏尊重需求的特征：变得很爱面子，或是很积极地用行动来让别人认同自己，也很容易被虚荣所吸引。例如，利用暴力来证明自己的强悍。

激励措施：公开奖励和表扬，强调工作任务的艰巨性以及成功所需要的高超技巧，颁发荣誉奖章、在公司刊物发表文章表扬、优秀员工光荣榜。

自我实现需求

最高层次的需求，具体包括认知、审美、创造、发挥潜能的需要等，在前面各层次四项需求都满足了，最高层次的需求方能相继产生，是一种衍生性需求。缺乏自我实现需求的特征：觉得自己的生活充满了空虚感，急需能让他充实自己的事物，尤其是能让他深刻地体验到自己没有白活在这世界上的事物，并开始认为，价值观、道德观胜过金钱、爱人、尊重和社会的偏见。

一位武术家、运动家把自己的体能练到极致，单纯只为了超越自己。一位企业家，认为自己所经营的事业能为这社会带来价值，因而非常努力工作。

激励措施：设计工作时运用复杂情况的适应策略，给有特长的人委派特别任务，在设计工作和执行计划时为下级留有余地。

第二节　打造个人与团队的共同愿景

组织目标与员工目标关系分析

从个人角度分析，员工目标是员工基于个人的人生观、价值观和兴趣爱好来确定的，是个人期望通过努力获得满足的需求。员工目标的复杂性和多样性决定员工目标的多元化。

员工目标是一个由多种要素共同影响的结果，任何一个要素的变化，都会引起员工目标的变化。在一定程度上员工目标难以用具体的方法测定。员工目标的局限性导致员工目标与组织目标的割裂。

从组织角度分析，组织需要员工目标与企业的发展相一致。在组织目标实现的过程中，如果不关注员工目标，放任员工工作没有目标，这非常不利于企业目标的实现。组织中的干部，应当关注员工的个人目标，使之匹配组织目标的实现。

具体来说，应做到：

第一，找到关键员工，为他做职业生涯规划，提供他实现规划的相关资源，让他的规划关联企业。

第二，过程关注并激励员工，鼓励按照既定的规划行事，创造员工的工作"公平感"（公平是一种感觉，他觉得不公平，就会降低工作质量，自动付出他认为的公平），让激励手段关联员工职业生涯目标。

第三，阶段庆祝，并实现企业对员工的承诺。

协调组织目标与员工目标

协调组织目标与员工目标的关键是需要我们的干部在组织的管理上下功夫，通过转变管理理念、改善管理方法、塑造组织文化可以最大限度地使员工目标与组织目标相协调。

同时，要鼓励员工转变思想，充分认识到个人是组织整体中的个人，个人的需求必须在组织之中得到满足，组织的存在就是一个平台。组织和员工共同努力，实现组织和员工的双赢。

激励需要私人订制——满足员工个性化需求。制定个性化的激励手段，使员工目标真正在组织中得到满足，发挥激励的作用，调动员工的工作积极性。激励的目的正是为了统一组织和员工目标的不一致性。

管理需要与时俱进——以人为本，从"用人"到"发展人"。在尊重、真诚、信任和支持的环境中实现组织和个人的共同发展，让个人对自己的未来充满憧憬和信心，在工作中感受到生命的价值与意义。鼓励员工参与、挖掘潜能、激励进取，在实现组织目标的过程中使每一个人的价值得到发挥。组织要树立"以人为本"的理念，用事业留人，将员工目标的增长点纳入到组织目标之中。

文化需要大力建设——协调组织目标与员工目标的润滑剂。组织文化表达了组织成员对组织的一种认同感；它使组织成员不仅仅注重自我利益，更考虑到了组织利益；它能引导和塑造个人的态度和行为。

还应当认识到，组织文化更应该蕴含着组织的指导思想和组织哲学，是一种以价值观为核心的、对全体组织成员进行意识教育的文化体系。只有在共同价值观念的基础上，在组织思想和组织哲学的指导下，组织的内聚力、向心力、能动力才会加强，个人的自觉性才会提高。

塑造共同愿景

共同愿景是指组织中所有成员共同的、发自内心的意愿，这种意愿不是一种抽象的东西，而是具体的能够激发所有成员为组织这一愿景而奉献的任务、事业或使命，它能够创造巨大的凝聚力。共同愿景的构建就是为了推动共同愿景形成，两者之间既有一定的相互联系，又有一定的相对独立性。

一、个人愿景与企业愿景是两个独立系统

个人愿景通常是个人对自己未来发展的一种愿望。个人愿景根植于个人价值观、世界观、利益之中，它是个人持续行为的内在动力。并不是每个人都有自己的愿景。所有有个人愿景的人也会由于其个人价值观的不同，导致个人愿景不尽相同。

企业愿景是企业创办人赋予的，在企业发展过程中通过对企业内外部环境的分析，发挥企业的长处，规避企业的短板，制定对未来的期待图景。如果企业没有愿景，仅仅以赚钱作为目标，就不会吸引有志向的员工为之奋斗。

共同愿景是指通过宣传企业愿景，员工个人认同企业的愿景，并且愿意为之奋斗。这个时候企业的执行力最强，工作效率最高。

二、把握方向，塑造整体图像

把握方向是组织在构建自己企业愿景时，应该考虑个人愿景的部分，希望什么人参与进来，这些人具备哪些特征，然后根据这些条件，再考虑组织未来究竟向何处去，达到什么状态才能招揽人才，凝聚人才。这些方向如果比较明确的话，共同愿景中的景象也就比较鲜明了，可以明白地让员工知道组织的未来，从而起到应有的内在激励作用。

三、使命与使命宣言

共同愿景让员工及组织拥有使命，即实现这一共同愿景的使命。所谓使命宣言是指把组织与员工们拥有的使命用一些简练、明了，带有激动性的文字加以表达，形成格言、座右铭等。使命宣言是共同愿景实现的一种要求或一种必然性选择。使命宣言不应该是组织领导的一种说教。使命宣言作为使命的一种表达形式，是共同愿景构建的一个方面，有其必要性，只是它的制定需要认真的工作才行。

四、价值观

什么是价值？就是企业认为的，可以被客户接受的（客户——包含了产品和服务的对象、社区环境、政府以及企业相关方）、客户愿意为之支付酬劳的增值。由于组织的价值观是组织关于对自己、未来、社区、社会等各方面的完整看法和价值取向，所以它是完整的一个体系。

共同愿景中含有组织的价值观，实际上它并不能全面包含组织的价值观体系，而只能是含有这一价值体系中的核心部分，这种核心部分我们叫作组织价值观。构建共同愿景的一个方式就是要从发展组织的核心价值观着手。一个组织如果没有核心价值观，那么这种组织一定是随波逐流无定性的组织，通常没有很长的寿命，而且其核心价值观对这些组织的发展具有巨大引导作用。组织的核心价值观有时就以组织理念的形式表达出来。

第三节　沟通与授权

沟通的实质

如果追溯一下沟通的由来，非常有意思。

最早出现"沟通"一词，是春秋时期左丘明所著《左传·哀公九年》里面记述的一段话："秋，吴城邗，沟通江淮。"意思是：鲁哀公九年的秋天，吴国都城（扬州）筑邗沟（邗江），把长江和淮河连在一起了。

根据这个考证，我们知道，为什么要筑邗沟？是因为长江和淮河的水位有落差，所以需要筑邗沟。由此我们总结出沟通的五个特征：

- 沟通一定是两个或两个以上的对象。
- 沟通的前提是两个主体之间有认识差异，所以才需要沟通。
- 沟通时，有信息流动，即由信息内容多的一方向信息内容少的一方流动。
- 沟通时相互融合，你中有我，我中有你。
- 达成新的平衡，沟通才宣告结束。

在这里，沟通总有个发出方，一般是由发出方主动流动到接收方去，有内容的一方为主动。如果接收方要求沟通，也是由于接收方知道发出方有内容，提请发出方输出内容。

发出方在输出内容时需要对内容进行编码。根据接受方的年龄、经验、认知水平，进行逻辑、呈现方面的编辑，让接收方能够明白——说发出方想让接收方知道的内容（可能会裁剪一些信息和内容）；然后选择合适的渠道，比如直接对话、通过邮件、找人传话、留言条等传达给接收方；同时沟通地点、背景、环境的选择也非常重要，同样的内容，地点不同，沟通的背景不同，让对方接受的程度和理解也会有差异；最后，接收方接受了发出方的信息内容，进行解码，理解了接收方认为是"对"的内容，沟通即告一段落。真正的沟通还会往返多次这样的操作。

在沟通的过程中，很多地方有可能出现差错，让对方误解：

第一，发出方编辑不当，导致接收方错误理解。比如，由于接收方经验和水平原因，发出方认为是简单的事，在接受方看来是一件非常复杂的事情。

第二，选择的渠道不当，直接导致误解的产生。比如，你应该直接和对方表白你的想法，可是你却找人传话，让对方觉得不受重视。

第三，背景和环境选择不当导致歧义产生。如果环境、场合选择不对，接受方一定觉得不受重视，随意性大。

第四，接收方在解码时遇到杂音和干扰，也会导致偏差产生。比如，你去找高层管理者汇报工作，高层管理者旁边有个人，你说到某个内容时本来高层管理者已经按照你的意图下达指示了，可是因为旁边的人插话，导致不确定性产生。

所以，看起来沟通非常简单，其实仔细研究也有许多值得深究的地方。

将自己的意思清楚明白准确无误地传达给对方，并准确无误地理解对方想表述的问题。沟通进行时需要反复和被沟通对象进行交流，从而试探并确认对方是否理解自己的说法，自己是否理解对方的意图。一次次的排除、再解释中，剥离误解。

沟通始终是影响，信息的发送者始终想要"讲些什么给别人听"。而接收者通常只接受与自己相关的内容，即"我听（感觉）到了什么"。

与下属沟通的技巧

管理沟通非常重要，好的沟通能让组织内部的管理信息流畅，进而使组织的管理流程更加顺畅。作为中层管理，与下级沟通是领导责任当中非常重要的一个方面，沟通顺畅，管理就不会有问题。

平和心态，尊重员工

管理者要清楚的一点是，自己与员工在人格方面是平等的，只是工作职责不同，所以在沟通前要平和心态，谈话中要关注员工的心理感受及变化，尊重员工的人格、权力，要站在员工的角度去想员工所顾忌、所想的问题，而不是摆出"架子"去命令、去批评，什么话重、什么话有攻击性就说什么，这样会适得其反，员工会保护自己，不会与上级真诚沟通，导致沟通的失败。

避免情绪化

工作沟通中要避免情绪化。即使员工做错事情，让您特别生气，但也不要在沟通时带有情绪。因为员工本身也不想犯错，他也很内疚了。这时员工需要的是上级的安慰、鼓励与支持，帮他找到解决的方法。所以在沟通中言词要尽量委婉，语气平和，要顾及到下属的感受，帮助下属完成工作的改进。而当进行表扬或认可、鼓励性沟通时，要表现得积极，让员工体会到你为他的优秀表现、业绩及拿到的荣誉要比自己得到这些更兴奋，让他们感受到您很重视他们。

简单不拖沓

我们向下级传递上级任务之前是有个思维过程的。第一个方面，接受一个命令之后我们第一个思考的事情是要达到什么样的结果，结果是目标。第二个方面，谁适合做这件事情，管理过程当中的工作，并不是所有的人都能承担，任何人都能做的，选择适合的人去做。第三个方面，达到预期目标要按照哪些步骤去做，这是管理者需要关注的一个非常重要的问题。第四个方面，如何用最简单的话使员工能够理解。第五个方面，如果新任务要考虑是否需要培训。

有效的沟通有三个特征：平等、清晰、简洁。

授权的技巧

中层管理者最重要的工作定战略、定制度以及定团队，其他的工作应授予给下属。只有这样，才能充分调起下属的积极性。领导人不敢授权或者不愿授权给下属，下属的积极性就会受到很大的打击，团队的积极性与战斗性就会大幅度地下滑，从而绩效下滑是自然而然的事情。

我们必须清楚，授权的目的是让下属充分发挥积极性与主观能动性，也就是说授权是让下属去完成你制定的战略目标。权力授出去，领导人可以根据实际情况来调整授权的范围与期限。有的领导人非常害怕授权后的失落感。很多领导人习惯过去的工作方式，喜欢亲力亲为，这种方式只适合企业初创期。当企业规模逐渐增大、人数不断增长时，那种亲力亲为的方式显然已经不适合了。如果领导很忙下属很闲的话，这个公司处于非常危险的局面。

三国时期的诸葛亮为了蜀国的事业，可谓"鞠躬尽瘁死而后已"。诸葛亮凡事亲力亲为，忽视了对人才的培养，以至于后期蜀国到了无人可用的局面，所以出现了"蜀中无大将，廖化为先锋"的窘境，所以蜀国也是三国中最先灭亡的国家。

领导人不愿授权的另一重要原因：担心下属做不好工作。越担心越不授权，下属的能力就越差。哪怕下属的能力差，领导人也应敢于放手让其充分发挥主观能动性去干。哪怕出现错误，在我看来，也是没关系的。因为只有错误，下属才能成长。只有遇到挫折，下属才有解决挫折的动力与愿望。如果只是担心下属做不好工作出现错误，下属的能力又如何成长？通过以上的论述，我们得出一个结论：要想提高绩效，完成战略目标，领导人必须充分地授权，通过授权让下属发挥主观能动性从而提高团队的战斗力。这时出现了另一个重要问题：很多领导知道授权的重要，但并不知道如何授权、授权的技巧以及授权过程中的风险控制。

很多领导人做事看起来是授权实际上是指示，只是自己思想的一种延续并不能调动下属的积极性。除了这一点外，在授权过程中还应做到以下几点：

授权不是放手不管。授权以后不要完全相信下属的报告，要实行走动管理，到一线去走走。走动管理能够及时发现问题所在，及时发现下属在执行过程中的偏差，并做出适当的引导。有好的结果，就要及时的表扬；有坏的结果，要及时地引导。及时恰当的表扬对于下属的积极性起到至关重要的作用。当领导人发现错误的时候，进行批评是无可厚非的，适当的批评对于下属错误的改正能起到警示的作用。但大发脾气的做法对自己的身体有害，而且下属也很容易产生抵触心理。因此情绪管理也很重要。

授权也不是逃避承担责任。当战略目标没有达成时，领导具有不可推卸的责任，也就是授权不授责。在执行过程中，领导不应威胁下属，也不应该摆出恩赐的姿态，应给予下属充分的尊重。"80后"逐渐成为职场的主流，他们不仅仅看中物质的报酬，更看重平等的沟通与足够的尊重。领导人应根据被管理对象特点的差异调整自身的管理行为。

授权给最有能力的人是对的，但要有度和均衡，否则就会影响其他人员的积极性。领导应尽可能避免越级授权，只对自己的直接下属授权。越级授权违背管理的伦理，会影响直接下属的积极性以及对工作的抵触性。同时，领导人也不要将不喜欢的事情授权出去。

第四节　把控流程

流程优化让管理规范

流程是多个人员、多个活动、多种资源的组合。科学合理的业务流程，能够使人员、活动、资源有序组合，从而达到组织内部信息通畅、组织有序、资源优化的目的，进而提高企业的效率。

在相同的产出基础上，如果企业能够占用和使用更少的资产和资金，从"现金为王"的稳健经营理念出发，不仅能够降低企业的风险，而且节约的资金也可以为企业投资扩张储备能量，最终完成企业的经营效益和核心竞争能力的提高。因此，如何减少存货数量和资金占用成了企业经营的重点，这也是很多优秀企业成功的经验。

从体制变革的大局出发、以流程管理为驱动力、实施体系性的改变是战略手段，这将为企业管理提升、实现精益存货建立流程和体制保障。而传统的做法也值得一试，就是优化生产计划，通过合理组织生产、按计划采购存储材料，实现精益存货。

通过流程梳理、兼顾生产组织质量的提升，两种变革方法的结合，将达到事半功倍的效果，促进企业站在更高的角度更快地发展。

流程应用于企业管理，是对传统管理体制是一次重大完善。传统管理体制有两个最大特点：一是职能化管理，二是自上而下的垂直统一指挥。职能化管理容易形成"山头"，部门之间无法形成有效沟通，而强调垂直统一指挥往往忽略部门之间的横向沟通。实行流程管理，无疑是从一座座"山头"中分别开凿出一个个"涵洞"，使部门之间实现了正常的信息联系和横向工作沟通，缩短了信息交互时间，提高了管理效率。

越来越多的企业管理者很快发现流程有用、好用，所以流程管理得以迅速推广并一度流行。曾经在某一个时间段里，我们听到有的企业管理者言必称流程。有的企业更是从BPR到ERP，再到SCM，将流程变革进行到底。其实，学习和应用流程管理，重在消化和吸收流程管理的思想，应把它当成"语言"学而不是当作"工具"搬。中国企业务实的做法应该是，以"规范部门关系、减少工作扯皮、防范内控风险、提升管理效率"为目标，扎扎实实做好流程优化尤其是核心管理流程的优化工作，让管理流程与岗位职责、规章制度一样，成为企业人人自觉遵守的一目了然的管理行为规范。

企业管理流程化的问题

流程化必须细化为若干个具体的管理工作流程才能将其中的管控环节清清楚楚表达出来。譬如，"人力资源管理流程"至少可以细化为人力资源规划流程、员工招聘录用流程、员工调配管理流程、员工行政处分流程、员工离职流程等若干个流程。

企业管理流程优化除了由于认识误区导致的管理流程与业务流程混为一谈、管理流程"大而全"等问题以外，还存在以下两个最突出的问题：

其一，关键性流程控制节点常有缺失。譬如"物资采购管理流程"，流程活动有采购计划、计划审核、计划审批、组织招标、签订合同、验收入库、退货处理等，初看起来流程还是比较完整，但是仔细审核就会发现，这个流程缺失了一个非常重要的控制环节，那就是"库存信息沟通"。由于这个环节的缺失，造成的后果是，周转慢的积压物资仍将源源不断被采购进来。调查表明，我们太多的企业原材料储备都存在严重的库存结构不合理现象。通过管理流程优化，原因找到了，问题源自"管理流程"。

其二，流程活动与流程责任主体错误对应。仍然以"物资采购管理流程"为例，库存信息沟通—采购计划—计划审核—计划审批—组织招标—签订合同—验收入库—退货处理，流程活动基本上齐全了，但优化管理流程，不仅要看流程环节是否有缺失，更要看流程活动与流程责任主体的对应关系。如果"验收入库"这一个环节对应的责任主体不是仓储部门而是采购部门，这样的管理流程还有管控作用吗？我们咨询过程获知的情况恰恰是，不少企业的采购部门与仓储部门是合二为一的，一个部门既管采购又管仓库，既管计划、管招标，还管验收入库，这样的"物资采购管理流程"是存在监管漏洞的。

流程是为达到特定的价值目标而由不同的人共同完成的一系列活动。活动之间不仅有严格的先后顺序限定，而且活动的内容、方式、责任等也都必须有明确的安排和界定，以使不同活动在不同岗位角色之间进行转手交接成为可能。

流程是在企业不断的发展过程中所积累下来的宝贵财富，在你的前面有很多人都做过同样的事情，他们在工作中不断地总结经验，改善流程，使工作越来越简单，按照工作流程办事，会使你少走很多弯路，以最快最直接的方法达到最有效的执行。按照工作流程办事，能够让做和看一样简单。

【案例】

李总开了一家软件公司，做企业资源计划软件（Enterprise Resource Planning，ERP）。ERP要求很严格，要经过好几轮的审验、核对工作。小吕是一名老员工了，业务非常出色，由于工作能力强，接替了前任高层管理者的工作，荣升为主管。虽然他的专业能力比较出色，却从没有带领过团队，管理能力较弱，这时正好有多家企业要实施ERP，这个任务就分给了小吕的部门。他看到那么多的工作不禁六神无主，以前都是做一家企业，成功了再做另外一家，现在一下子有五六家企业等着去做，他不知道怎么做了。

于是，小吕就去请教李总，李总告诉他不要发愁，其实和以往的工作程序是一样的，只是所做的项目企业增多而已，工作性质并没有改变。于是，他就按照原来的程序做了起来，该开会的开会，该布置工作的布置工作，可是到了预定的时间才发现，他的工作完成得非常糟糕。原来，他只知道自己做自己的，工作期间很少和下属沟通，下属根本不知道自己应该做些什么，他仍然把自己当成员工，没有认识到自己的管理职能和领导职能。

后来，李总发现了这个问题，就让他向前任高层管理者请教。他当天就向前任高层管理者把情况说了一遍，前任高层管理者告诉他："在我原来办公室的书橱上有一个红色的笔记本，上面有每一项工作的管理流程，检查节点，风险点管控，你按照流程办事才能既省心又省力。"

于是，第二天，他就按照工作流程展开了工作，只用了一周时间，就把那一堆乱七八糟的事情统统搞定了。

制定流程的原则和流程优化

流程制定原则

一、流程不在多少，而在有用

有的管理者认为，既然工作流程那么重要，那我就多制定点流程，让大家都按流程办事，工作不就变得简单了吗？于是，需要流程的地方制定流程，不需要流程的地方也制定流程，管理者看到那一本本厚厚的流程册，心里很高兴，殊不知，这些多余的流程已经严重影响了员工的积极性，影响了工作效率。

流程不在多少，而在于有用。只有管理者设身处地地为员工着想，为工作着想的时候，才能制定出完善的工作流程。而从来不深入群众，只是坐在高位，"高瞻远瞩"的管理者永远也制定不出有用的流程。

二、流程不在长短，而在可行

越简单的事情越容易掌握，也越容易操作，错误率也越少。有的管理者为了显示自己的能力，为了显示工作的意义，不自觉地加大工作难度，即使一个非常简单的事情也要变得很复杂，制定的流程非常复杂。这样的流程不仅对工作毫无意义，有时候还会成为他人的笑柄。

流程不在长短，而在可行。管理者在制定流程的时候一定要多听听基层员工的意见，因为基层员工才是流程的执行者，只有方便基层人员的流程才是一个可行的流程。

流程优化步骤

将流程优化阶段再分成三步，每一步都在上一步共识形成的基础上再进一步细化。

第一，通过对现状问题调研总结，建立流程优化框架，包括支撑流程运作的业务组织职责分工、流程优化的目标、流程运作的整体框架、流程中相关术语和分类定义的统一、优化的整体方向等。第一步优化讨论必须在主管该流程领域的高层和相关业务部门负责人间形成共识。

第二，进入具体流程的优化，基于可运作的现实以及可改进的方向，考虑和现有业务的承接和延续性，因此第二步的优化必须在流程相关运作部门间形成共识。

第三，流程表单模板的优化，大量的实际操作是通过表单模板来落实的，因此需通过表单模板优化建立流程易于落实的工具。

同时，在流程优化的整个过程，需组织大量的研讨沟通会议，要让每次会议都有共识的形成和有效输出，必须进行有效的会议策划和管理。在策划期间应做到以下几点：

首先，明确需要讨论共识的问题，如哪些部门/岗位间职责不清晰，哪些流程环节不顺畅，并尽可能地准备多个备选方案和优劣分析。

其次，确定每次参会的人员，针对要形成共识的问题，需让流程相关方都参与会议，以避免多方的意见不一致，同时在多方争持不下的时候能有决策者以确定最终方案。

再次，在会议的过程中往往业务部门会因一个问题牵引出其他的业务问题而讨论，因此必须有效引导和组织，避免会议主题偏离。

最后，切忌，没有完美的方案，当制订的优化方案与企业业务发展相适应，并得到各方的认同和共识时，即达成流程优化讨论会议目标。

流程梳理优化项目目标不是形成厚厚的流程文件，而是在整个流程梳理优化的过程中，让企业各方人员逐渐形成面向流程思考、按照流程运作的习惯。作为整个项目推动的流程管理部门和咨询公司在整个项目中一定要切实发挥项目管理者、推动者和引导者的角色，有效地组织和管理，为后续的流程实施推广落地奠定基础。

第六章 心智革命：怎么想

第一节 打造积极正面的个人心态

正面心态带来好运

《列子说符》中有记载："有亡斧者，疑其邻之子，视其行步，窃斧也；颜色，窃斧也；言语，窃斧也；动作态度，无为而不窃斧也。俄而掘其谷而得其斧，他日复见其邻人之子，动作态度，无似窃斧者。其邻之子非变也，己则变之。变之者无他，有所尤矣。"

大意是：有一个人遗失了一把斧头，怀疑是邻居的小孩偷走的。于是观察这个小孩，不论是神态举止，还是言语动作，怎么看都觉得像偷斧头的人。隔了不久，他在后山掘地找到了自己的斧头。回去之后再观察邻居小孩，动作神态怎么看也不像是偷斧头的人了。变的不是邻居的儿子，而是自己的心态。变的原因也没有其他，是被偏见所蒙蔽。

好的心态好比天使，坏的心态就像魔鬼。成功者与失败者的差异是：成功者拥有一份积极的心态，乐观主宰命运，自信让他们跨进光明的天堂；失败者总是持着一份消极心态，悲观支配人生，绝望让他们滑入黑暗的地狱。

心态真的能够决定命运吗？态度真的能够决定成败吗？

【案例】

老秦今年 65 岁，他的肝脏在 10 年前体检就发现有囊肿。最近，总感到肝区经常不舒服。一年一度的体检时间到了，老秦准备好好查查。

来到县人民医院体检中心，他要求医生帮他好好看看肝脏，年轻的医生非常细致，耐心告诉他："肝脏总体来说没有问题，就是一个囊肿，囊肿不大的时候可以不用理会它，可是长大了需要微创手术切除。"

"你的囊肿正好处于切除临界点，你去找一个医生看看，看看他们怎么说。"

老秦一听吓坏了，已经到了临界点了，幸亏早点来检查，他又问了检查医生几个问题，医生再也不跟他说什么了，老秦更觉得事情的严重性。当天上午回家就觉得浑身不舒服，上网查看了网页，都说囊肿会有恶变的可能。吃饭、走路、打嗝，总觉得恶变正在发生。

下午就去医院挂门诊专家号，门诊医生说，要等报告出来，老秦等不及了，央求医生是不是可以先住院，等报告出来就直接手术。门诊医生说，等一两天没事的，就是恶性也不要紧。

老秦头大了，医生也没有直接排除，联想到医生总要隐瞒病人，觉得是恶性的可能！

老秦如坐针毡，像热锅上的蚂蚁，急得团团乱转，晚上整晚眼睛看着天花板，摸摸左下腹，感觉到硬硬的隐隐作痛，想着自己的人生就要走到尽头，不禁悲从中来……两天过去，老秦整整瘦了五斤，人也萎靡不振，看上去也是病歪歪的。

三天以后，老秦拿到报告单，去找门诊医生，门诊医生拿了报告仔细看了看，说："回去吧，什么事也没有，明年体检再来！"

老秦疑惑地问："我是有感觉的呀，我的肝区疼痛，我脸上蜡黄，我浮肿……这不都是肝病的征兆吗？"

医生告诉他："你的这个报告和去年的比较，几乎没有生长，囊肿只是在临界上，又没有变大，可以不用管它，回去吧，没有事的！"

老秦回来了，仔细摸摸肝区好像没有异样了，脸上的蜡黄好像也不是很严重，过了七八天，老秦又恢复了正常。

老秦前后心态的变化说明了什么？当你心态积极的时候，身体便配合你，一切都会更美好，当你消极的时候，身体便不配合你，一切都会更糟糕。

同样是半杯水，有的人看到了很高兴，啊！还有半杯水，太好了！有的人却不高兴，怎么只有半杯水？真扫兴！事物的本身并不影响人，人们只受对事物看法的影响。同样，对事物的看法没有绝对的对错之分，但有积极与消极之分，而且每个人都必定要为自己的看法承担最后的结果。

人其实对事物永远都能找到积极的解释，然后寻求积极的解决办法，最终得到积极的结果。这样的人即使是在最艰难的时刻也能鼓励自己，并且会尽量用自己的积极情绪感染周围的同伴；永远积极乐观、从不抱怨；总是积极地寻求解决问题的方法，因此总能让希望之火重新点燃；每天都生活在正面情绪当中，时刻都在享受人生的乐趣。

员工的积极心态决定企业的命运

心态决定命运，只要知道你在想什么，就可以知道你是怎样的一个人。如果在一天里，我们脑海中都是快乐的念头，我们就能快乐；如果我们想的是悲伤的事情，我们就会觉得悲伤；如果我们想到一些可怕的情况，我们就会害怕……生命并是有限的，我们应该选择正面的态度，而不是采取反面的态度，换句话说，我们必须关切我们的问题，但不能忧虑。

当我们被各种烦恼困扰着，整个人精神紧张不堪时，我们可以凭借自己的意志力，改变自己的心境。

思想运用和思想本身，就能把地狱造成天堂，把天堂造成地狱。要提升自己的欲望，把自己的心愿和梦想一一列举出来，然后标明每个欲望的强度，标明目前最渴望得到的是什么，并强化动力，告诉自己一定要实现某个目标，使这种想法深入潜意识，并不断强化，成为自己思想中最强烈的一部分，这样，目标其实已经很接近了。

企业管理有一项很重要的工作就是注重员工心态的调整，影响、感染、激发员工的心情，使之调整到最佳状况。企业非常典型的开晨会，干部精神饱满地开会，和萎靡不振地开会，效果完全两样。

激情是信念的一种外在表现，如果内心没有信念的话，外在的言行不可能产生激情，所以激情是源于对自己内心的一种认可，放到企业身上是对企业的价值体系和对社会所做贡献的一种认可。

一个企业家对自己的企业充满激情的时候，一般来说不太容易装得出来的，装出来的肯定是假的，不能持久的。只有源自内心的，因为自己做的事情而激动，才是信念和激情的良好结合。

江苏联瑞的老总李晓冬说："我相信我的企业一定会成功的，我知道我行，我也知道大家也行，我会推动企业上市的，果然我们做到了!"要想获得成功，最重要的不是你拥有了多少能力，而是，要相信自己，坚定自己的信念，才是你成就理想最根本的力量。要相信自己一定会成功。要相信自己一定能做得到。我始终相信，中国当代诗人食指所说的一句话，叫作"相信未来，热爱生命"。

塑造员工积极心态

第一，工作上"共同进退"，互通情报。工作本身就是最好的兴奋剂。江阴友利特钦建华总经理认为，主管应该在工作中与员工"共同进退"，给员工提供更多工作中需要的信息和内容，如公司整体目标、部门未来发展计划、员工必须着重解决的问题等，并协助他们完成工作。让他们对公司的经营策略更加了解，从而有效、明确、积极地完成工作任务。

第二，"倾听"员工意见，共同参与决策。倾听和讲话一样具有说服力。主管应该多倾听员工的想法，并让员工共同参与制定工作决策。当主管与员工建立了坦诚交流、双向信息共享的机制时，这种共同参与决策所衍生的激励效果，将会更为显著。

第三，尊重员工建议，缔造"交流"桥梁。成功的主管只有想方设法将员工的心里话掏出来，才能使部门的管理做到有的放矢，才能避免因主观武断而导致的决策失误。主管鼓励员工畅所欲言的方法很多，如开员工热线、设立意见箱、进行小组讨论、部门聚餐等方式。但是，前程无忧专家认为，主管无论选择哪种方式，都必须让员工能够借助这些畅通的意见渠道，提出他们的问题与建议，或是能及时获得有效的回复。

第四，做一个"投员工所好"的主管。作为团队核心的主管，必须针对部门内员工的不同特点"投其所好"，寻求能够刺激他们的动力。每个人内心需要被激励的动机各不相同，因此，奖励杰出工作表现的方法，也应因人而异。

第五，兴趣为师，给员工更多工作机会。兴趣是最好的老师，员工都有自己偏爱的工作内容，主管让员工有更多的机会执行自己喜欢的工作内容，也是激励员工的一种有效方式。工作上的新挑战，会让员工激发出更多的潜能。如果员工本身就对工作内容很有兴趣，再加上工作内容所带来的挑战性，员工做起来就会很着迷，发挥出更大的潜力。

第六，"赞赏"，是最好的激励。赞美能够使员工对自己更加自信，对工作更加热爱，能够鼓励员工提高工作的效率。给员工的赞美也要及时而有效，当员工工作表现很出色，主管应该立即给予称赞，让员工感受到自己受到高层管理者的赞赏和认可。除了口头赞赏，主管还可以使用书面赞美、对员工一对一的赞赏、公开的表扬等形式鼓舞员工士气。

第七，从小事做起，了解员工的需求。每个员工都会有不同的需求，主管想要激励员工，就要深入地了解员工的需要，并尽可能地设法予以满足、提高员工的积极性。了解员工的需求要从小事做起，从细节做起。

第八，让"业绩"为员工的晋升说话。目前，按照"资历"提拔员工的公司多不胜数，专家认为，靠"资历"提拔员工并不能鼓励员工创造业绩，并且会让员工产生怠惰。相反地，当主管用"业绩说话"，按业绩提拔绩效优异的员工时，反而较能达到鼓舞员工追求卓越表现的目的。

第九，能者多得，给核心员工加薪。在特殊经济形势下，物质激励仍然是激励员工最主要的形式。薪水不仅能保证员工生存，更因其能者多得的作用起到激励效果。但是在众多公司大幅降低开支的情况下，主管对用加薪激励员工的做法显得更加谨慎。专家认为，经济危机不代表不加薪，只是加薪的要求更高，关键看员工能为公司带来多少价值。对于为公司创造出高利润、开发出赢利新项目的核心人才，通过加薪激励是必不可少的。

第二节　合作共赢

团结合作力量大

合作，在当今社会中变得越来越重要。

跨界，是近年来比较热的一个词，淘宝是 IT 业，结果跨界把零售业打劫了，滴滴快车挤入了出租车行业……现在的职业如果能够与跨界专业人员合作，可以创造出无限的可能性。

同样，当前公司的中层管理者要学会与各种人打交道，不能仅局限于自己的工作职责。

【案例】

江苏安凯特专门维修和生产电化学设备，其中离子膜涂层从技术层面已经无可挑剔，完全能够满足客户的需要。可是安凯特的技术人员没有因此止步，与大学实验室合作，发明制作了新的涂层技术，成本比原来有大幅度的下降，技术标准也符合客户的要求，仅此一项，就为公司创造了巨大的利润，而且也为产品推向市场做了最好的铺垫。

【案例】

小王是计划物控部配送工，在配送时经常发现仓库材料虽然在账上有显示，却领不出材料。经过调查，原来仓库账务处理滞后于领料时间有 6 小时之久，实际库存与电脑显示库存不一致。小王帮助仓库进行管理流程设计，从根本上解决了问题，不仅方便了自己，也成就了仓库。

可见合作是双赢的前提。

我们明白，合作可以成为竞争的主旋律，和谐已成为时代的最强音。在真诚的微笑中，互相帮助，互相提高，让别人的长处弥补我们的短处，让我们的长处"承托"别人的短处，让彼此都获益处，让彼此携手同行。

眼光长远的多赢规划

【案例】

江苏安凯特徐总提拔了劳动模范吕琳做了车间主任。吕琳原来在车间的时候总是冲在最前面，风风火火，做了很多的事情，现在做了车间主任了，她觉得需要她做的事情就更多了。所以她更加敬业，更加勤奋，在车间总是看到她忙碌的身影，她也非常享受工作给她带来的快乐。

徐总找来吕琳，对她说："我的公司不需要一个非常忙碌的吕琳，我们需要20个、50个吕琳。你现在做的是劳动模范的工作，我希望你要把你自己复制出来，培养和辅导你的手下，让他们都和你现在一样，你就成功了。"

吕琳开始重新审视自己的工作，不再冲到一线，而是学会通过"成就别人，造就自己"。

多赢，其实就是大家都能有收获，不是个人英雄。多赢，需要中层管理者的心态进行调整。

第一，成就下属，造就自我。一个管理者通过给予团队成员的成功机会，支持团队成员的进步，获得团队成员的价值，才收获自己的价值的。这一点往往很难，因为你要甘于做幕后英雄，你要容忍团队成员的犯错，包容他们的缺点，从主角到配角，需要很大的勇气来转型。从自我到成就他人，是需要非常强大的内心取与舍才能达到的，也就是说管理者的第一关，是拥有强大自我之后的无我。

第二，成就旁部门，造就自我。一个组织是一个整体，需要许多部门的配合和协作，如果只关注自己的部门优秀与否，可是公司整体效率低下，也无法做到兼顾其身。一个管理者需要有牺牲自己，兼顾全局的理念，要有"我不下地狱，谁下地狱"的境界。所以管理者的成功是人格魅力的升华。

第三，成就高层管理者，造就自我。我们的工作是接受了高层管理者的委托，延伸了高层管理者的管理职能，如果忽略了这一点，我们的管理将无从依附。说起来"高层管理者永远都是对的"，可做起来很难，因为每个人都有自己的主张，当高层管理者坚持自己的时候，中层管理者要学会妥协，妥协也是一种本领。更难的是，我们自己做出了成绩，还不能居功至傲，要把成绩归功于高层管理者，让自己安全地生存才会有安全地发展。

穿过管理者的迷雾，我们发现优秀的管理者，拥有管理自己的内心力量。

江苏安凯特徐总说："什么是管理的真相？所有伟大的管理者，都是一个伟大的自我管理者。"

中层管理者的多赢心智

管理和领导之间是有区别的，管理讲究的是方法、手段，而领导是从下属内心寻求突破，让下属心甘情愿追随你，自动自发。一个是外部的力量，另一个是内心的遵从，现代的管理理念要求两者融为一体。

每个管理者都应该具有领导才能，但自我领导是领导他人的基础。

现实中，我们往往将两者本末倒置，不得真解。自我领导，就是自己影响自己、作用自己、激励自己、约束自己，这是非常必要的。只有具备自我领导才能的人，才能更好地领导他人，提升自己和他人。

那些具有理念力、自知力、沟通力、激励力、判断力、销售力、学习力等方面素质能力的人，往往能更好地领导他人。总之，领导才能是一项综合素能，"自我领导"做得比较成功的人，更加具有领导力。

激励力

领导就是激励。领导者要先自我激励，后激励他人。只有首先把自己发动、激励起来，才可能把下属也发动、激励起来。要先"激"，后"励"。"激"是指激发积极的动机，"励"是指一种反馈，待下属工作一段时间后，若行为符合领导者的意图和决策目标，方对其行为进行鼓励、奖励。

事实上，激励别人是很容易的。简单地拍拍人家的背，竖一个大拇指，一个点头，一个微笑，表现出自己的友善，自己也不会有什么损失，同时还能让接收者受益无穷。江苏联瑞李总说："称赞别人与金钱激励的效果不相上下，而且有时根本不需要有更多的行动，其实就是与下属多一点时间待在一起而已。"

管理者一定要认真学一学激励的技巧和方法。

洞悉力

具有洞察力的管理者能够发现别人忽略的机会、优势和实力。

缺少洞察力的管理者把组织引向停滞、萧条而不是卓越，因为缺少洞察力很容易导致失败，而持久的洞察力将鞭策着组织保持它的优势地位。

见微知著的洞察力能够帮助小公司抓住瞬间即逝的市场机会，而对机会的有效利用则可以起到"四两拨千斤"的效果，使得公司以较小的成本获得较大的收益。

洞察力的获得首先是学识，通过对世界的了解，知道自己的境况；通过对知识的获取，让自己博闻广记；通过对经验的积累，让自己成为专家。其次管理者需要保持强烈的好奇心，对事物充满探究的欲望，发现事物的机理，找到其中的规律。再者坚持也是洞察力的品质，持续对某个事物的关注。

驾驭力

管理者第一项必不可少的技能便是带团队，而且是带出一支高绩效的团队，而带团队考验的是一名经理人的团队驾驭能力。

驾驭力的实现，需要：

第一，团队搭建。找到志同道合的伙伴，比进入团队后塑造人的品格容易得多。

第二，愿景创造。与团队成员共同塑造团队愿景，让人人都知道并认同愿景是管理者的责任。

第三，管理团队。中国古代讲究"道法术器"，"道"就是愿景，就是旗帜，"法"就是策略，就是路径，"术"就是工作流程，就是具体步骤。"器"就是管理工具，就是表单和制度。团队的管理也离不开流程和制度，用好内在和外在的"利器"，驾驭力就自然形成了。

第四，自我管理。自我的品格塑造，以身作则，是影响力的基础。

第五，成功案例。一个人如果屡次取得成功，在别人的眼里便有了力量；如果你做的事情经常失败，则无从谈起影响力。

协作力

如果没有行之有效的协作机制，再精良的部件也不过是一堆中看不中用的摆设。因此无论规模大小，协作力都是决定组织有效性的关键因素。

江苏联瑞成立之初，就是"泥腿子上岸"，谈不上专业，也谈不上实力，但是就是他们用愿景统一大家的思想，每个人主动补位工作，团结协作，不突出个人，强调整体的力量，让一个名不见经传的小作坊，变成如今管理规范，行业的龙头。

总之，领导力是一门综合的艺术。它不仅仅包含了各种具体的管理技能和管理方法，也囊括了前瞻与规划、沟通与协调、真诚与均衡等诸多要素。

第三节　不断学习力求完美

在工作中学习

世上所有的经验都是由"事情"积累而来的，实践是学习的最高境界，而"事情"所体现出来的就是实践。学习与工作对每个人来讲，就如同鸟之两翼、车之两轮，若想事业有成，两者不可偏废其一。万物皆有可学之处，事事皆有学问，在工作中，生命才能不断完善，在学习中，自身才能不断得到成长。在工作中学习，在学习中成长，从中找到了自信、自尊，也就能品尝到成功的快乐和喜悦。

想在工作中学习，需要做到以下几点：

首先，深入了解。就要对工作有深入的了解，这项工作有哪些环节，每个环节都有哪些标准和要求，它们是来自于体系文件，来自于导师的经验抑或是自己的实践积累。比如在企业里从事物料管理的人员，招聘时多来自大学里的物流专业，其实物流专业学到的知识与企业物料管理还是有很大差别的，深入细致、扎实地了解工作就是获得了一种初级的学习。

其次，深入思考。了解工作只能让我们在此项工作已有的经验圈子里进行了学习，而深入思考工作则是要跳出已有的经验圈子。当然跳出经验圈子必须以经验为基础，同时利用从事情本身出发的思维方式去思考，即以任务为出发点得出自己的工作经验也就是学习成果。

最后，归纳总结。因为只有做好了归纳总结这些碎片一样的工作经验才能成为可以被复制和重复利用以及继续提升的东西。

人是需要目标的，但是这个目标不应该僵化和教条，因为市场和社会诸多要素都存在不确定性，没有包含变化的目标本来就不是好的目标。由于目标具有不确定性，我们的学习就要以当下为基础，逐渐扩大自身能力范围和承接机会的宽度。

合理利用碎片时间

时代高速发展，信息空前繁荣，加之快节奏的都市生活和巨大的工作压力，都促使我们必须不断进行学习、培训，以便更好地胜任工作、武装自己。"碎片化学习"越来越受到人们的追捧，不管是企业的管理者还是基层的员工，都希望通过这样一种更灵活的学习培训方式进行"充电"。

【案例】

我是一个培训师，长期以来为企业服务，积累了一些心得，准备出一本书。可是根本没有时间坐下来写作，后来在朋友的帮助下，先把书的纲领、目录、小节内容先进行了顶层设计，然后我就用碎片化时间来完善和补充书稿，终于把书稿写出来了。

这是解决没有时间的有效办法。在企业里工作永远是主流，学习、个人目标、健身则需要利用碎片时间。如吃午饭休息前，下班回家路上，晚上做完家务后等。有些人会想这一点点时间能做啥？其实不然，主要是贵在坚持，每天积攒一点，时间长了就会有很大进步。

利用碎片时间学习要注意几点：

第一，做好合理安排，工作的有序性和系统性是首要解决的问题，今天做点这个明天做点那个，工作时间又短，那就一点用都没有了。

第二，采用灵活多样的工作方式，如将学习内容下载到手机里，转化为音频来听，把本来的工作零件化，等等。

第三，要多对照目标，不忘初心。碎片时间的工作很容易跑偏，每一个时期都有可能产生新的想法，把原来的目标忘记了，工作结果也相差很大。这就需要我们不断对照目标，修正工作方向。正如江苏联瑞李晓冬总经理说："出发久了，需要静下来想一想，梳理一下当时为什么出发。"

所以，一定要找一个时间，把这些碎片拼成完整的图，把学到的东西、工作的内容沉淀下来，把自己的心也沉淀下来。通过系统地整理，通过碎片方式学习和工作，完成自己的人生大目标。

碎片化学习和工作并不等于学习知识碎片和工作碎片。利用碎片时间进行学习和工作是人在繁忙工作中的一种客观的需求。

这是个信息超载的时代，所以对于信息的汲取就显得很重要，盲目地去追求所谓大咖的干货就显得自己没有很好的思维逻辑，或者说没有自我学习体系。

学习成就杰出管理者

在研究大量成功企业领导者的案后，我们发现，这些最优秀的企业领导人知道自己需要什么，并能尽最大的努力去达到自己的目标，他们懂得做人、善于决策、充满热忱、持续创新、架构关系、激励团队以及赢得拥戴……成功的企业家所共同具有的良好习惯和素质，使得这些企业领导人能够脱颖而出。

懂得做人

会做人，别人喜欢你，愿意和你合作，才容易成事。怎么让别人喜欢自己呢？好的企业领导者都习惯于能真诚地欣赏他人的优点，对人诚实、正直、公正、和善以及宽容，对其他人的生活、工作表示深切的关心与兴趣。

善于决策

面对不断变化的市场，企业经营方案总是不止一个，决策就是要对各种方案进行分析、比较，然后选择一个最佳方案。企业领导者的价值在于"做正确的事情"，同时帮助各阶层的主管"把事情做正确"。

明确目标

什么是领导？世界级管理大师班尼士下了个定义："创造一个令下属追求的前景和目标，将它转化为大家的行为，并完成或达到所追求的前景和目标。"企业领导者们知道，要使员工能奉献于企业共同的远景，就必须使目标深植于每一个员工的心中，必须和每个员工信守的价值观相一致；否则，不可能激发这种热情。你拥有杰出人士的好习惯吗？

充分授权

人的精力是有限的，我们不可能一个人做所有的事。所以，作为一个企业领导必须学会把权力授予适当的人。授权的真正手段是要能够给人赋予权力，并要保证有一个良好的报告反馈系统。

持续创新

当今世界正面临着的一个非常严峻的现实是：如果你停步不前，你就会失去自己的立足之地。这一点对于任何领导或公司都是同样的道理。如果你满足于现状，你就丧失了创新能力，而创新是人类发展的主要源泉。具有创新头脑的人是不怕变革的。

经营未来

成功的企业领导人都懂得，未来是属于那些今天就已经为之做好准备的人。他们用20%的时间去处理眼前那些大量的紧要事情，这只是为了眼前的生计；而把80%的时间留给那些较少但很重要的事情，抓住重点，这是为了未来。

勇于自制

具有高度的自制力是一种最难得的美德。热忱是促使你采取行动的重要原动力，而自制力则是指引你行动方向的平衡轮。在管理活动实践中，一个有能力管好别人的人不一定是一个好的领导者，只有那些有能力管好自己的人才能成功。

养成好习惯不是一朝一夕的事情，也正是这些好习惯的坚持成就了一些出色的职场人。

第四节 自我超越与生涯规划

发现自己的局限

对于管理者而言，决策是他必须要做的选择，也可以说管理者本身就是决策的制定者。因此管理者需要知道在决策的过程中，自己会有很多局限性，这些局限性是有效决策的障碍。

首因效应

人与人交往的时候，往往第一印象决定彼此的判断，这就叫作首因效应。

事实上你第一次见到这个人的时候，第一印象不见得就是对这个人真实情况的反映，但是人们会习惯以第一印象做判断，而且第一印象根深蒂固，需要很长时间才可以淡化。虽然我坚持认为第一印象并不代表这个人的真实情况，但是第一印象的效应我们必须知道，所以你在第一次见别人的时候要认真，因为这个时刻在对方对你的认知决策中会起重要作用。

晕轮效应

借用月亮的效果来比喻，晕轮效应就是以面概点，就是指人们会被一些外在的东西所蒙蔽，而且依据这个蒙蔽的现象去判断。我们举个例子，公司里有两位年轻人小张和小李，小张勤勤恳恳、任劳任怨、早来晚走，小李准时来，准时走。结果，因为小张的勤恳得到晋升，而小李被认为没有付出更多而无法得到晋升。但实际的结果是，小李是一个能力非常强的人，所以他不需要增加很多工作时间，所有的工作都在正常的工作时间里高效地完成，而小张其实是能力不足，他需要花费更多的时间，才可以跟上工作进度。可惜的是，我们可能没有正确判断，反而让能力不够的小张得到晋升，这就是晕轮效应。

常见晕轮效应常导致的错误判断：穷人一般都很善良；老实人一般不会捉弄人；漂亮的女孩子有修养。

新近效应

在做决策的时候，最新最近发生的事情，会起决定作用。尤其是绩效考核的时候，人们常常关注到考核的时候这个人的表现，但是往往忘了过程中所发生的事情，虽然也有很多时候我们强调过程考核，但是因为过程中并没有及时记录和表扬，而到了展开考核的时候，很多过去的事情已经无法记得，结果是在考核展开的时候发生的事情起了决定的作用。

角色固着

对于一些人来说，职业的角色、身份的角色等都会影响人们的决策。曾经看过一个测试，被测试的人得到一个人的大幅照片，被测试者分为两个小组，一个小组被告知，相片上的人是杀人犯，可是另外一个小组的人被告知相片上的人是科学家，请他们描述这个人的面部特征。结果，第一组的人如此描述：突出的下巴，说明他邪恶的心理，深陷的眼睛说明他死不改悔。另外一组人得出以下的结果：深陷的眼睛充满了智慧，突出的下巴说明他永攀科学高峰以及坚韧不拔。同一个人，就是因为我们给了不同的角色，认知就如此的不同，这就叫作角色固着。

不易察觉的偏好

人总会有一些不容易察觉的偏好。我们潜意识里认为戴眼镜的人肯定是有很多知识的，再比如招聘的时候，招聘者总是选择有着相同认知的人，或者某一个地方的人，或者某一个学校毕业的学生，或者某一种个性特征的人。

我们在做决策的时候，不管怎样要求决策者理性，首先要承认，我们是用自己的标准和概念来做出判断的，这就是我们的局限。注意自己的局限，主动去打破这样的局限，破除条条框框的束缚，就会有超越自我局限的可能。

眼光长远地看待自身发展

无论是优秀的中层管理者，还是处于尴尬境地的有才华的中层管理者，需要全面认识自我的同时，更需要有开阔的视野来看待自身职业发展和自己企业所存在的问题。

一、中层管理者需要不断地学习塑造与自身提升

中层管理者主要任务是根据最高层管理所确定的总体目标，具体对组织

内部所拥有的各种资源，制订资源分配计划和进度表，并组织基层单位来实现总体目标。中层是企业的中坚力量，在组织中起到承上启下的作用，中层的职业素质、管理能力和领导能力决定了业务发展的速度。决定了组织能否带领出一支优秀的员工队伍，决定了能否有效达成组织经营目标和业绩。因此，作为一名优秀的中层，要有不断学习和持续改善的心态。只有这样，才能保持自己的核心竞争力，才能拥有更丰富的知识与技能，胜任和完成更具挑战的工作。

二、企业的人才流动不仅是一个企业发展的动力和活力，也是竞争日趋激的市场经济下的一种客观正常的现象

只有人才正常、合理地流动，才不至于使一个企业处于封闭固守的状态。流动的人才带来朝气蓬勃的生命力，会使一个企业充满活力、充满朝气。特别是一个活力四射、不断创新的企业，其管理机制必须是科学合理、与时俱进的。因为这种管理机制给人才提供了施展本领的机会和条件，使他们有了用武之地，因此，先进的管理机制留住了人，落后的管理机制赶走了人。

三、忠诚是员工和企业共同的课题，中层管理者不能片面地看待自身的问题而影响自己的职业生涯的发展

作为企业的中层管理者，上对老板，下对员工，在决策层与执行层中间起到桥梁作用，可以说是企业中重要的中枢系统，对企业能否健康持续发展有着重大影响。他们在实际的工作中也经常碰到众多的困扰，如多重角色、身心疲惫、沟通障碍等，已经影响了广大中层管理者的正常工作。通常情况下，社会对于员工道德上背离或法律上的违规最直接的反应是站在企业的角度对员工进行价值批判。从来缺乏从企业层面上的思考。其实对于强大的企业而言，几乎每一个员工都是弱势群体。

江苏联瑞的李晓冬总经理说："把员工的追求放在心里的企业，企业获

得员工的忠诚，反之，如果企业内员工不忠诚行为充斥，则该企业一定不具有员工对其忠诚的价值。"

企业的领导者要有企业家精神，跟上企业发展的步伐，关注企业中层管理者的职业发展。大批企业领导者缺乏企业家精神，缺乏卓越的领导力以及企业缺乏良好的管理机制造成大批优秀中层管理者的流失，企业不仅以追求价值最大化、满足投资人的需求为目的，更重要的是要有创新的思维和持续发展的能力，为员工提供一个广阔的舞台，帮助他们实现自己的理想和职业梦想，同时，更应该承担起更多的社会责任。

中层管理者的职场规划

认识自己的优缺点

通常做到中层管理者，就该清楚自己的优缺点、业务能力水平、管理能力水平、兴趣爱好以及生活追求。认清自我是最重要的，这也是做管理者的基础。早在 2000 年前，古希腊人就把"认识自己"作为铭文刻在德尔裴神庙上。然而时至今日，有多少人真正做到了"认识自己"呢？

在现实生活中，如果自我被扩大，就容易产生虚荣心理，容易形成自满。

用"比较法"认识自己：通过与同年龄的伙伴在处世方法、对人对事的态度、情感表达方式等方面进行比较，"以人为镜"找出自己的特点，来认识自己。

比较时，对象的选择至关重要。找不如自己的人做比较，或者拿自己的缺陷与别人的优点比，都会失之偏颇。因此，要根据自己的实际情况，选择条件相当的人做比较，找出自己在群体中的合适位置，这样认识自己，才比较客观。

用"自省法"认识自己：自省是人的一种自我体验。人们在实际生活中，往往通过自我反思、自我检查来认识自己。重大事件中所获得的经验和教训可以提供了解自己的个性、能力的信息，从中发现自己的长处和不足。

用"评价法"认识自己：在认识自己的时候，应该重视同伴对自己的评价。他人的评价比主观自省具有更大的客观性。如果自我评价与他人的评价相近似，则可说明自我认识较好；如果两者相差过大，大多表明自我认识上有偏差，需要调整。当然，对待他人的评价，也要有认知上的完整性，不可偏听偏信，要恰如其分地认识自己。

用"经历法"认识自己：在生活中通过总结成功与失败的经验及教训来发现个人的特点，因为成功和失败最能反映一个人在性格、能力上的优点和劣势。

了解行业特点

干到中层也就意味着入行时间不短了，那么也就该清楚行业的特点、发展趋势对人才的要求；也该了解自己要想多上几个台阶需要付出什么了。认清这些后，结合自身情况，就不难规划出一个发展方向。

用户的需求是动态的，并非是固定不变的，而是会不断迁移的。消费市场、需求市场从来都不是泾渭分明的。有很多时候，用户需求甚至用户习惯都是跟随着产品在改变的。以静态的视角去看待用户和需求，就会陷入自己挖的坑。滴滴快车当年的补贴大战，以及现在尚未结束的外卖大战，都是在培养着用户习惯。现在用滴滴的用户，当初可能是骑车出门、开车出门，他们现在变成了滴滴的乘客。

要确保自己平时能够有机会跟他人交流行业知识，这样平时所讲所说不会脱离行业语境。

站在领导的角度看问题

作为下属，我们很多时候觉得自己该怎么做就去做，或者按照自己的理解去完成任务，而很少站在领导的角度去想领导希望我怎么做，所以很多人在职场中很努力，却得不到赏识和机会，这是因为你的很多努力并非是领导所想要的，白白浪费了时间精力。那么我们站在领导的角度，到底领导喜欢什么样的下属呢？

主动跟领导沟通和汇报

领导想要了解下面的工作，信息来自哪里？当然是下属了。有很多领导经常讲自己的下属，我一直在等你来跟我聊聊，你都不来，其实讲白了就是领导希望你找他沟通，而不是我们表面上理解的只要我把事情做好了，领导有什么好事就会找我沟通，这恰恰是相反的，因为如果领导主动找你沟通的时候，大概是你做错什么的时候了。

多提建议和方案

我们评价一个员工是否优秀的一个关键指标就是是否善于提出改善建议和方案，这说明一个什么问题呢？员工之间的智商大都差不多，但是有的员工在每一个岗位的投入度是不一样的，只有沉入到岗位中的人才会看到岗位的问题，也只有主人翁精神的员工也才会积极提出自己对于岗位的改善意见，因为他们乐于见到自己对于岗位的影响力；当然，提建议与提意见是截然不同的，光有意见还不行，还要有切实可行的改善建议。

与领导保持一致

越是高级别的领导，越寂寞，越寂寞的人越没有安全感，所以这也是很多领导做到高层就不喜欢听到违逆他的话，大家都顺从他就会觉得大家的理念跟他是一致的，如果有人反对他，就会被放到对立面去，所以不管是哪个阶层的上下属，要想获得高层管理者对你的认可，学会站队是很重要的。

不与高层管理者争锋

在中国有很多的谚语和名言都显示着上下属关系相处的秘诀，如枪打出头鸟、大智若愚等，虽然不都是单指上下属的相处，但是从这两句我们也都能看到如果我们在高层管理者面前显得比他高出一筹，那么是很容易被打压的。所以上下属要处好关系，这一点至为重要，因为这是两个人能否相互信任的基础，如果失去了这个基础，生存是发展的前提。

明确发展方向后就得制定相应的学习计划并付诸实践。短期内来说，尝试去和你上级换位思考是最有效的，等你完全明白并理解他的思维模式和管理手段，运用心智，自我革命，那你离最高领导者的位置也就更近一步了。

参考文献

［1］［美］约翰·C. 麦克斯维尔. 中层领导力：团队建设篇 ［M］. 北京：北京时代华文书局，2017.

［2］任儒鹏. 中层主管必修课 ［M］. 北京：企业管理出版社，2015.

［3］刘有德. 中层领导管什么 ［M］. 北京：广西人民出版社，2013.

［4］方永飞. 狼性中层 ［M］. 广州：广东经济出版社，2010.

［5］冯为中. 中层领导全书 ［M］. 北京：中国华侨出版社，2014.

［6］侯楠楠. 中层革命：如何成为最优秀的中层领导 ［M］. 北京：中国社会出版社，2010.

后　记

随着社会的发展，企业对管理人员的管理能力要求越来越高，新时期的企业管理者必须能预测企业未来的发展方向，制定适合企业的发展战略，而这个人力资源中最重要的支撑点就是"中层领导"。

美国著名的商业调查机构盖洛普公司的权威调查数据表明：企业之所以能够持续发展，取得良好的业绩，其关键并不在于公司的高层，而在于公司的中层领导所带领的专业团队。可见，中层领导在公司中起着中流砥柱的作用。

中层领导在企业管理中担任着非常重要的角色，是团队和项目小组的负责人，是联系大部分员工的主要领导，他们的管理和行为方式集中传达了公司的理念和宗旨。

值得一提的是，我们在分享中层管理心智革命的目的，一方面是帮助广大的中层管理者找到自己的定位，更大程度上发挥潜能，服务于你的企业；同时，这是一个人才市场的成熟时代，你足够优秀，就可以为企业创造最大的价值。这个世界是公平的，你创造了价值，世界将会对你有所回报。如果你觉得不公平，有可能是你自己没有发现公平的杠杆。

每一个有智慧的领导人都会独具慧眼，发现真正的管理人才为我所用。

我们要做一个有智慧的人，准备时刻迎接机会的到来！这就是我们这本书的最终目的。希望大家能够在各自的领域不断进取，创造更大价值，成就更辉煌的未来。